Nina Stingl

Grundrechtliche Aspekte der medizinischen Triage

Nina Stingl

Grundrechtliche Aspekte der medizinischen Triage

Mit Blick auf die aktuelle Covid-19 Pandemie

Lehrbuchverlag

Imprint
Any brand names and product names mentioned in this book are subject to trademark, brand or patent protection and are trademarks or registered trademarks of their respective holders. The use of brand names, product names, common names, trade names, product descriptions etc. even without a particular marking in this work is in no way to be construed to mean that such names may be regarded as unrestricted in respect of trademark and brand protection legislation and could thus be used by anyone.

Cover image: www.ingimage.com

Publisher:
Der Lehrbuchverlag
is a trademark of
Dodo Books Indian Ocean Ltd., member of the OmniScriptum S.R.L Publishing group
str. A.Russo 15, of. 61, Chisinau-2068, Republic of Moldova Europe
Printed at: see last page
ISBN: 978-620-0-44792-0

Inhaltsverzeichnis

Inhaltsverzeichnis ... IV

Abkürzungsverzeichnis ... VIII

I. Einleitung ... 1

II. Begriffserklärungen ... 3

1. Covid-19 als Pandemie vs Epidemie ... 3

2. Intensivtherapie vs Palliativtherapie ... 3

3. Begrenzte Ressourcen ... 4

4. Dilemmatische Entscheidungssituationen ... 5

5. Triage ... 6

a) Ex-Ante Konstellation (Szenario 1) ... 7

b) Ex- Post Konstellation (Szenario 2) ... 7

III. Gesundheitsrecht und Gesetzgebung ... 7

1. Abgrenzung des Kompetenztatbestandes „Gesundheitswesens" vom Begriff der Heil- und Pflegeanstalten ... 9

2. Abgrenzung des Kompetenztatbestandes „Gesundheitswesens" vom Begriff des Leichen- und Bestattungswesens ... 9

3. Abgrenzung des Kompetenztatbestandes „Gesundheitswesens" vom Begriff des „Katastrophenwesens" ... 9

4. Gibt es ein Triage-Gesetz? ... 10

a) Mögliche Ansätze einer Regelung ... 13

aa) Losverfahren und zeitliche Priorität ... 13

ab) Katalog unzulässiger Kriterien ... 14

ac) Alter und Lebensdauer als Auswahlkriterium ... 14

ad) Soziale Wertigkeit ... 15

5. Patientencharta und KaKuG als rechtliche Grundlage einer medizinischen Triage? 16
6. Ethische Prinzipien 17
IV. Einschlägige Orientierungshilfen im Falle einer Triage in Österreich 18
1. ÖGARI 19
a) Empfehlung zur Vorgehensweise während einer Triage außerhalb der Intensivtherapie 19
2. FASIM 22
a) Allokationsethische Orientierungshilfe für den Einsatz knapper intensivmedizinischer Ressourcen 22
V. Grundrechtskonformität der Empfehlungen der ÖGARI und FASIM 25
VI. Grundrechte 27
1. Wirkungsbereich der Grundrechte 28
a) Grundrechtsträger 28
b) Grundrechtsverpflichteter 29
c) Drittwirkung von Grundrechten 29
d) Wirkungsbereich im Verhältnis zwischen Patient und Arzt 31
2. Schutz- und Gewährleistungspflichten des Staates 32
a) Allgemeines 32
b) Reichweite der Schutz- und Gewährleistungspflichten im Bereich der Seuchenbekämpfung 33
3. Bindungswirkung (Schrankenvorbehalte) 35
VII. Ausgewählte relevante Grundrechte iZm der medizinischen Triage 36
1. Gibt es ein Recht auf Gesundheit? 37
2. Recht auf Zugang zu Gesundheitsleistungen (Art 35 GRC) 37
3. Recht auf Leben (Art 2 EMRK, Art 85 B-VG, 6. ZP EMRK) 38
a) Schutzbereich 38
b) Beginn des Anspruchs 38

c) Ende des Anspruchs 40

d) Einschränkungsmöglichkeiten 41

e) Schutzpflichten 41

f) Schranken 44

4. Folterverbot und Verbot unmenschlicher oder erniedrigender Strafe oder Behandlung (Art 3 EMRK) 45

a) Schutzbereich 45

aa) Verbot unmenschlicher oder erniedrigender Behandlung 45

ab) Menschenwürde 46

b) Einschränkungsmöglichkeiten 47

c) Schutzpflichten 49

d) Exkurs: Recht auf körperliche und geistige Unversehrtheit nach Art 3 GRC 49

5. Recht auf persönliche Freiheit (BVG über den Schutz der persönlichen Freiheit, Art 5 EMRK) 50

a) Schutzbereich 51

b) Einschränkungsmöglichkeiten 51

c) Schranken 52

ca.) Anhaltung oder Absonderung nach §7 EpiG iVm §1 PersFrG bzw Art 5 EMRK 53

cb.) Medikamentöse Freiheitsbeschränkung 54

6. Recht auf Achtung des Privat- und Familienlebens (Art 8 EMRK) 55

a) Schutzbereich 55

b) Einschränkungsmöglichkeiten 56

c) Schutzpflichten 58

d) Recht auf Selbstbestimmung 59

da) Gibt es ein Recht zu sterben? 61

7. Gleichheitsprinzip (Art 7 (1) B-VG, Art 2 StGG, RassDiskrBVG) 65

a) Das Gleichbehandlungs- und Differenzierungsgebot 66
b) Das allgemeine Sachlichkeitsgebot 67
c) Eingriffsmöglichkeiten 67
d) Gleichbehandlung im Gesundheitswesen 67
da.) Diskriminierung aufgrund des Alters 69
db.) Diskriminierung aufgrund einer Behinderung 71
VIII. Schluss 72
IX. Literaturverzeichnis 74
X. Rechtsquellenverzeichnis 81
XI. Judikaturverzeichnis 84

Abkürzungsverzeichnis

ABGB	Allgemeines bürgerliches Gesetzbuch
ADL-Score	Activity of daily live score
AEUV	Vertrag über die Arbeitsweise der Europäischen Union
Art	Artikel
ÄrzteG 1998	Ärztegesetz 1998
BVG	Bundesverfassungsgesetz
B-VG	Bundes-Verfassungsgesetz BGBl 1930 idgF
Bgld. KHG	Burgenländer Katastrophenhilfegesetz
BlgNR	Beilage(-n) zu den stenographischen Protokollen des Nationalrates
BMSGPK	Bundesministerium für Soziales, Gesundheit, Pflege und Konsumentenschutz
bzw	beziehungsweise
ca	circa
CEST	Central European Summer Time
CFS	Clinical Frailty Scale
Covid-19/COVID/Covid	coronavirus disease 2019; Coronavirus-Krankheit-2019; Corona
DSG	Datenschutzgesetz
ea	et alter (und andere)
EGMR	Europäischer Gerichtshof für Menschenrechte
EpiG	Epidemiegesetz
EpiR	Epidemierecht
EMRK	Europäische Menschenrechtskonvention

Erk	Erkenntnis
ErläutRV	Erläuterungen zur Regierungsvorlage
etc.	et cetera
EU-InfoG	EU-Informationsgesetz
EUV	Vertrag über die Europäische Union
Ex ante	im Voraus
Ex post	im Nachhinein
EU	Europäische Union
EuGRZ	Europäische Grundrechtezeitschrift
f	folgend
ff	fortfolgend
FASIM	Federation of Austrian Societies of Intensive Care Medicine
gem.	gemäß
GesR	Gesundheitsrecht
GP	Gesetzgebungsperiode
GRC	Grundrechtecharta
HB	Handbuch
HeimAufG	Heimaufenthaltsgesetz
Hrsg	Herausgeber
ICU	intensive care unit (Intensivstation)
idgF	in der geltenden Fassung
idR	in der Regel
idS	in diesem Sinne
IHA	irreversibler Hirnfunktionsausfall

iSd	im Sinne des
iSv	im Sinne von
iZm	in Zusammenhang mit
JBl	Juristische Blätter
Jhd.	Jahrhundert
JMG	Journal für Medizin- u. Gesundheitsrecht
JRP	Journal für Rechtspolitik
KaKuG	Kranken- und Kuranstaltengesetz
Kap	Kapitel
lit	litera
MedR	Medizinrecht
MERS-CoV	Middle East Respiratory Syndrome Coronavirus/„neues Corona-Virus"
mind.	Mindestens
o.	oder
o.J.	ohne Jahr
ÖGARI	Österreichische Gesellschaft für Anästhesiologie, Reanimation und Intensivmedizin
OGH	Oberster Gerichtshof
ÖGIAIN	Österreichische Gesellschaft für Internistische und Allgemeine Intensivmedizin und Notfallmedizin
OP	Operation
PersFrG	Bundesverfassungsgesetz über den Schutz der persönlichen Freiheit
pm	post meridiem

POS-POM-Score	Predict Postoperative Mortality Score
RdM	Recht der Medizin
REHA	medizinische Rehabilitation
RGBl	Reichsgesetzblatt
Rn	Randnummer
Rsp	Rechtsprechung
RV	Regierungsvorlage
Rz	Randziffer
SARS-CoV-2	severe acute respiratory syndrome coronavirus type 2
SIAARTI	italienische Gesellschaft für Anästhesie, Analgesie, Reanimation und Intensivmedizin
SMG	Suchtmittelgesetz
SOFA-Score	Sequental Organ Failure Assessment-Score
StGB	Strafgesetzbuch
StGG	Staatsgrundgesetz
StV	Staatsvertrag
StVfG	Sterbeverfügungsgesetz
StVO	Straßenverkehrsordnung
TKKMG	Tiroler Krisen- und Katastrophenmanagementgesetz
TubG	Tuberkulosegesetz
u.	und
uU	unter Umständen
va	vor allem
VfGH	Verfassungsgerichtshof

VfSlg	Sammlung der Erkenntnisse und wichtigsten Beschlüsse des Verfassungsgerichtshofes
vgl	vergleiche
vs	versus
VwG	Verwaltungsgericht
WHO	World Health Organisation; Weltgesundheitsorganisation
Z	Ziffer
zB	zum Beispiel
ZP	Zusatzprotokoll
ZPMRK	Zusatzprotokoll zur Konvention zum Schutz der Menschenrechte und Grundfreiheiten

I. Einleitung

Was passiert, wenn wir uns in einer Triage befinden? Wer bekommt bei knappen Ressourcen ein Intensivbett oder das letzte Beatmungsgerät? Wie haben Ärzte zu entscheiden? Gibt es ein Gesetz, das mir Sicherheit bieten kann? Was ist mit Grundrechten?

Diese und noch viele weiter Fragen stellen sich womöglich momentan nahezu alle Menschen. In den österreichischen Medien kursiert immer häufiger der Begriff „Triage" iZm Corona und verursacht Unsicherheit und Schrecken. Folgendes Szenario ist in den Medien dazu besonders präsent: Eine an Covid-19 erkrankte Person kann nicht beatmet werden, weil nicht genügend Beatmungsgeräte im Krankenhaus zur Verfügung stehen. Dazu treten noch Aussagen auf, dass *„bei jeder Entscheidung ein oder mehrere Menschen sterben."*[1] Doch was genau Triage für die eigene medizinische als auch rechtliche Situation nun wirklich bedeutet, weiß der Einzelne nicht so genau.[2]

DiePresse bezeichnete die Triage als vermeintliches Horrorszenario für den Einzelnen, versuchte aber Entwarnung zu geben. Sie beschrieben den Begriff Triage als *„eine Technik, Priorisierungen vorzunehmen und medizinische Hilfe bestmöglich einzusetzen. „Triagieren" bedeutet nichts anderes, als nach der Sichtung der Patienten eine Einteilung vorzunehmen und festzulegen, wer sofort Hilfe braucht und wer warten kann."*[3] Für den Arzt ist es dennoch nicht ganz so einfach, eine derartige Entscheidung zu treffen. Er ist hierbei sowohl an ethische als auch an rechtliche Vorgaben gebunden. Gemäß den geltenden Empfehlungen der Fachgesellschaften darf niemand allein aufgrund seines Alters, seiner rassischen Herkunft oder seiner sozialen Lage benachteiligt werden. Auch spielt das Thema Menschenwürde idS eine große Rolle. Und zu guter Letzt hat der Arzt immer den Willen des Patienten mitzubeachten.[4]

Hier stellt sich nun die Frage, inwiefern Grundrechte und menschenrechtliche Garantien eine Rolle spielen. Für wen gelten Grundrechte? Nur für den Staat oder

---

[1] *Lindner*, Die „Triage" im Lichte der Drittwirkung der Grundrechte, MedR (2020) 38, 723 (Springer E-Journals-Kompakt).
[2] *Lindner*, MedR 38 (2020) 723 ff.
[3] *Franz*, 11.11.2020, Die Triage ist Hilfsmittel nicht Horrorfall, in DiePresse <https://www.diepresse.com/5895847/die-triage-ist-hilfsmittel-nicht-horrorfall> (abgefragt 6.10.2021).
[4] *Lindner*, MedR 38 (2020) 723 ff.

auch für den Arzt? Welche Grundrechte sind genau betroffen und wie weit sind diese zu gewährleisten bzw inwieweit dürfen diese eingeschränkt werden?

Die folgende Arbeit versucht eben diese Fragestellungen zu durchleuchten. Triage-Situationen können uns aber nicht nur iZm Covid-19 begegnen. Jede Triage-Situation wird eine Individuelle sein. Deshalb ist es schwierig pauschale Aussagen zu treffen oder diesbezüglich allgemeine Regelungen zu finden. Zur Veranschaulichung und aus Gründen der aktuellen Geschehnisse wird in dieser Arbeit als praxisnahes Bezugsbeispiel nur die Triage iZm Corona behandelt.

Anfangs werden wichtige medizinische Begriffe erklärt, auf die die folgenden Kapitel aufbauen und diese als Kernverständnis voraussetzen. Besonders wird auf die Problematik, was eine Triage genau ist und welche Szenarien es gibt, eingegangen werden.

Es folgt eine verfassungsrechtliche Aufarbeitung der Zuständigkeiten und Gesetzgebung des Staates für das Gesundheitswesen. Covid-19 ist eine sich laufend mutierende Atemwegserkrankung, bei der naturwissenschaftliche Bewertungen und Prognosen der Krankheitsentwicklung fehlen.[5] Inwiefern ein darauf angepasstes Triage-Gesetz erfolgversprechend ist und welche möglichen weiteren Ansätze es gibt, um geeignete erforderliche Maßnahmen zu gewährleisten, wie zB ethische Prinzipien, Orientierungshilfen, etc., soll hier behandelt werden. Va werden hierbei auch die Empfehlungen der ÖGARI und FASIM auf ihre Grundrechtskonformität hin beurteilt.

Als weiterer und letzter wichtiger Kernbereich dieser Arbeit wird der Wirkungsbereich der Grundrechte speziell mit Bezug auf die Drittwirkungsproblematik und die Schutz- und Gewährleistungspflichten des Staates aufgezeigt. Anschließend wird auf einzelne betroffene Grundrechte näher eingegangen. An dieser Stelle sei bereits erwähnt, dass nicht auf alle relevanten Grundrechte eingegangen werden kann, da dies den Rahmen dieser Arbeit sprengen würde. Es werden nur jene Grundrechte und Themen behandelt, die va iZm den Empfehlungen zur Triage relevant sind.

---

[5] *Katzenmeier*, Grundrechte in Zeiten von Corona, MedR (2020) 38, 464 (Springer E-Journal-Kompakt).

II. Begriffserklärungen

Durch eine Krankheit wie Covid-19 und dessen einschneidende Folgen in jegliche Bereiche des Lebens jedes einzelnen Menschen wird klar, dass vor allem die Medizin und das Recht miteinander, nicht getrennt voneinander, behandelt werden müssen. Deshalb ist es vorab unerlässlich, in dieser Arbeit einige relevante medizinische Fachbegriffe genauer zu erläutern, um für ein besseres Kernverständnis zu sorgen.

1. Covid-19 als Pandemie vs Epidemie

Das Wort Epidemie stammt vom griechischen Begriff „etuömuia". Es bedeutet ein zeitlich und örtlich im ganzen Volk verbreitetes und gehäuftes Auftreten einer Krankheit oder Seuche.[6]

Von „Pandemie" wird gesprochen, wenn sich eine bisher epidemisch auftretende Infektionskrankheit auf mehrere Länder oder sogar Kontinente ausbreitet.[7]

Laut aktueller Daten der WHO wurden mit Stand vom 08.07.2021 6:18pm CEST, weltweit 184 820 132 Fälle bestätigt.[8] Somit stellt Covid-19 eine solche Infektionskrankheit dar. Ausgelöst durch den Virus SARS-CoV-2, treten Beschwerden überwiegend im Bereich des Atemwegsystems auf. Es besteht jedoch ein weites und variierendes Spektrum an Symptomen. Die Krankheit kann milde Verläufe, aber auch schwerste Erkrankungen bis hin zum Tod nach sich ziehen.[9]

2. Intensivtherapie vs Palliativtherapie

Von Intensivtherapie wird gesprochen, wenn *akut* schwerstkranke Personen einer Behandlung und Überwachung auf einer Intensivstation unterzogen werden. Da die Betreuung von Intensivpatienten bis hin zu lebensbedrohlichen Zuständen erfolgen kann, ist in den Bereichen Pflege, Therapie und Überwachung sowohl der medizinische Aufwand als auch der Pflegeaufwand sehr hoch.[10]

---

[6] *Duden*, Wörterbuch medizinischer Fachbegriffe (2012) 265.
[7] *Werner*, Handbuch Pandemie Verstehen – Vorbeugen – Schützen (2020).
[8] *WHO*, WHO Coronavirus (COVID-19) Dashboard <https://covid19.who.int/> (abgefragt 09.07.2021).
[9] *BMSGPK*, Covid-19: Symptome & Verlauf <https://www.gesundheit.gv.at/krankheiten/immunsystem/coronavirus-covid-19/symptome-verlauf> (abgefragt am 09.07.2021).
[10] *Eggert*, Intensivstation & ambulante Intensivpflege (Stand 20.12.2017) <https://www.springerpflege.de/intensivstation/ausserklinische-intensivpflege/intensivstation-ueberwachung-therapie-und-pflege-/15286164> (abgefragt 09.07.2021).

Im Unterschied dazu wird unter Palliativtherapie eine Behandlung einer Person verstanden, die unter einer unheilbaren und fortgeschrittenen Erkrankung leidet. Das Hauptziel ist die Erhaltung und Verbesserung der Lebensqualität sowohl des Patienten als auch dessen Familie. Es soll durch den Versuch einer Symptomlinderung die verbleibende Zeit des Lebens mit größtmöglicher Würde und Autonomie ermöglicht werden.[11]

3. Begrenzte Ressourcen

„Ressourcen" sind alle Mittel, die bei einer intensivtherapeutischen Behandlung benötigt werden. Es wird zwischen Sachressourcen (zB Beatmungsgeräten) und Personalressourcen (zB Krankenpflegern) unterschieden. Personalressourcen können als kategorisch „wichtiger" bzw vorrangig eingeordnet werden, da Sachressourcen nicht für sich als solche bestehen können, sondern nur mit den vorhandenen Personalressourcen effektive Anwendung finden. Ein Beatmungsgerät als solches nützt nichts ohne einen Arzt oder Krankenpfleger, der die nötigen Fachkenntnisse hat, um es einzusetzen.[12]

Nicht zu vergessen ist das seit einiger Zeit in den Medien kursierende Horrorszenario der ausgelasteten Intensivbetten und den Diskurs darüber, ob diese als Ressource gelten oder nicht. Akute Ereignisse und Unfälle machen etwa 50-60% der Intensivbettenauslastung aus. Dazu kommen derzeit immer mehr Covid-19-Patienten. Ein Covid-19-Patient liegt im Durchschnitt etwa 13,2 Tage auf einer Intensivstation. Stehen nicht mehr genügend Betten zur Verfügung, stellt sich somit das Problem, wo weitere Patienten untergebracht und behandelt werden sollen. Dies allein spricht dafür, dass Intensivbetten auch als begrenzte Ressourcen qualifiziert werden müssen.[13]

Die ÖGARI verwendet die Ressource „Intensivbett" sogar als Anhaltspunkt für die Einschätzung des Gesundheitssystems in Österreich. Auch ohne Zusatzbelastungen,

---

[11] *Sabatowski/Maier/Ostgathe/Rolke*, Palliativmedizin – 1000 Fragen² (2018) 18 f.

[12] *FASIM*, Allokationsethische Orientierungshilfe für den Einsatz knapper intensivmedizinischer Ressourcen, Konsensuspapier 4 (Stand 11.11.2020) <https://www.intensivmedizin.at/sites/default/files/konsensus_fasim_allokation_intensiv_finale_fassung_text_11.11.2020_korr_neu_fin.pdf> (abgefragt 12.05.2021).

[13] *Bachner/Rainer/Zuba*, Intensivpflege und COVID – Factsheet (Stand 30.8.2021) <https://www.sozialministerium.at/dam/jcr:f472e977-e1bf-415f-95e1-35a1b53e608d/Factsheet_Coronavirus_Hospitalisierungen.pdf> (abgefragt 23.9.2021); *BMSGPK*, Hintergrund-Informationen zur Bettenauslastung auf Intensivstationen (Stand 2021) <https://www.sozialministerium.at/dam/jcr:2de37e51-00c9-44ce-b606-6c88fd56c022/210415_Hintergrundinformationen-Bettenauslastung_pdfUA.pdf> (abgefragt 23.9.2021); *Kröll*, Das Damoklesschwert der Triage über der Ärzteschaft, JMG 2020/3, 151.

wie etwa einer Pandemie oder einer Katastrophe, sind die intensivmedizinischen Kapazitäten regelmäßig 85-90% ausgelastet. Es gibt also einen Puffer von 10-15%.[14] Bei einer zusätzlichen Belegung der Intensivbetten von bis zu 30%, müssen Maßnahmen zur Entlastung erteilt werden, wie etwa Überstunden oder Verschiebungen von OPs. Ab einer Auslastung von 30-50% kommt es dann zur Selektion. Ab einer 50%igen zusätzlichen Belegung der Intensivbetten spricht die ÖGARI von einer eintretenden medizinischen Triage und einem Kollaps des Systems.[15]

4. Dilemmatische Entscheidungssituationen

In einer dilemmatischen Entscheidungssituation befindet sich das medizinische Personal, wenn es nicht mehr genügend Ressourcen zur Verfügung hat, um alle Patienten adäquat zu versorgen und behandeln zu können.[16]

Ressourcen sind immer begrenzt. Deshalb braucht es einen Prozess, bei dem konkret entschieden wird, für welche Zwecke eine bestimmte Ressource eingesetzt werden soll. Ein solcher Prozess wird „Allokation" genannt. Dieser findet auf verschiedenen Ebenen statt.[17]

Allokationsentscheidungen hat das medizinische Personal jeden Tag zu treffen. Es wird zwischen Normal- und Ausnahmesituation unterschieden. Unter einer Normalsituation wird eine adäquate Behandlung eines Patienten verstanden, bei dem die Ressourcen entweder zur Verfügung stehen oder deren Einsatz bei Ressourcenknappheit durch Optimierung so verwendet wird, dass es zu keinen Einbußen kommt. Zu Ausnahmesituationen kommt es dann, wenn genau diese Mittel

---

[14] *ÖGARI*, Pressemitteilung: Große Sorge über Auswirkungen der Intensiv-Versorgungssituation auch bei Nicht-COVID-19 Patientinnen und -Patienten (Stand 29.3.2021) <https://www.oegari.at/presse-details.php?id=10358> (abgefragt 25.8.2021).

[15] *ÖGARI*, Pressemitteilung: Keine Entlastung der Intensivkapazitäten absehbar, viele andere Versorgungsbereiche mitbetroffen (Stand 12.4.2021) <https://www.oegari.at/presse-details.php?id=10365> (abgefragt 25.8.2021).

[16] *Bioethikkommission*, Zum Umgang mit knappen Ressourcen in der Gesundheitsversorgung im Kontext der Covid-19-Pandemie, Stellungnahme (Stand 31.3.2020) <https://www.bundeskanzleramt.gv.at/themen/bioethikkommission/pressemitteilungen-bioethik/stellungnahme-zum-umgang-mit-knappen-ressourcen-in-der-gesundheitsversorgung-im-kontext-der-covid-19-pandemie.html> (abgefragt 27.05.2021); siehe auch: *Truog/Mitchell/Daley*, The Thoughest Triage – Allocating Ventilators in a Pandemic; in The New England Journal of Medicine (N Engl J Med 382; 21 May 2020) 1973 ff.

[17] *FASIM*, Allokationsethische Orientierungshilfe 6.

nicht mehr ausreichen, um eine adäquate Behandlung aller Patienten unter Normalbedingungen zu ermöglichen.[18]

IZm Covid-19 ist eine der wichtigsten Ressourcen Sauerstoff bzw die zu dessen Verabreichung benötigten Beatmungsgeräte. Wenn diese Ressource nicht mehr ausreichend zur Verfügung steht, muss also entschieden werden, wer die konkrete Ressource für eine adäquate Behandlung bekommt.[19]

5. Triage

Der Begriff „Triage" stammt aus dem Französischen und bedeutet „auswählen" „sortieren." Es ist ein System des Risikomanagements, für den Fall einer drastischen Überlastung der vorhandenen Kapazitäten.[20]

Erstmals etablierte sich der Begriff „Triage" im Jahr 1766 während des französischen Revolutionskrieges. Relevant war er damals für die Priorisierung von ärztlichen Behandlungen gefallener und verwundeter Soldaten in der Schlacht. Hier wurden Triage-Einsätze zum ersten Mal in Kliniken angewandt. Heutige Anwendungsfälle sind vorrangig Katastrophen, Massenanfälle, Großschadenslagen aber auch Pandemien und Epidemien.[21]

Von einer Triage wird erst gesprochen, wenn die Maßnahmen des vorhergehenden Entschärfungsstadiums fehlschlagen. Als Erstes muss versucht werden unter den Betroffenen einen Patienten zu finden, der entweder keine Intensivtherapie möchte oder keine benötigt oder bei dem die Intensivtherapie aussichtslos bzw unverhältnismäßig wäre.[22]

Weltweit gibt es kein einheitliches Triage-System.[23] Meist wird nach Dringlichkeit entweder zwischen zwei bis vier oder drei bis fünf Stufen unterschieden. In Österreich sind auf Triage-Situationen momentan die Orientierungshilfen der FASIM und ÖGARI anzuwenden, die je nach Szenario zwei bis fünf Stufen vorsehen.[24]

---

[18] *FASIM*, Allokationsethische Orientierungshilfe 6.
[19] *Lindner*, MedR 38 (2020), 723 ff.
[20] *Mackway-Jones/Mardsen/Windle*, Ersteinschätzung in der Notaufnahme³ (2011) 17.
[21] *Krey* in *Dubb/Kaltwasser/Pühringer/Schmid* (Hrsg), Notfallversorgung und Pflege in der Notaufnahme² (2019) 77 f.
[22] *Bioethikkommission*, Stellungnahme zu Covid-19 und Ressourcen 10.
[23] Näheres zum Ländervergleich siehe *Gelinsky*, Triage-Empfehlungen grenzüberschreitend betrachtet (Stand 23.10.2021) <https://www.kas.de/de/einzeltitel/-/content/triage-empfehlungen-grenzueberschreitend-betrachtet> (abgefragt 28.9.2021).
[24] *FASIM*, Allokationsethische Orientierungshilfe 16 ff; *Krey* in *Dubb ea* 80.

Ein Arzt muss alltäglich die Entscheidung treffen, welche Behandlungsmaßnahme er für die Erkrankung des Betroffenen nach dessen Schweregrad als adäquat erachtet.[25] Es gilt immer, dass grundsätzlich so viele Personen wie möglich behandelt und versorgt werden sollen. Bei einem Massenanfall oder Ähnlichem aber kann eine Behandlung unter den gegebenen Umständen allerdings anders aussehen als die „bestmögliche" Behandlung unter Normalbedingungen.[26]

Zu unterscheiden sind zwei Szenarien einer Triagesituation: der Ex-Ante und der Ex-Post Konstellation.

a) Ex-Ante Konstellation (Szenario 1)

Szenario 1 der medizinischen Triage soll jeden Fall erfassen, bei dem eine Behandlung des Patienten noch nicht begonnen hat. Es steht eine begrenzte Zahl an Ressourcen (zB Behandlungsplätze oder Geräte) zur Verfügung, jedoch nicht für alle zu behandelnden Patienten. Hier muss also entschieden werden, welcher der Betroffenen den Vorzug erhält, wenn beide gleichzeitig Hilfe benötigen und die jeweilige Behandlung noch offensteht.[27]

b) Ex- Post Konstellation (Szenario 2)

Szenario 2 bezieht sich auf alle Patienten, bei der mit einer Behandlung bereits begonnen wurde. Es muss entschieden werden, wer die bereits verwendete Ressource dringender benötigt, wenn mindestens eine neue behandlungsbedürftige Person hinzukommt.[28]

III. Gesundheitsrecht und Gesetzgebung

Das Gesundheitsrecht ist ein sehr weit zu fassender Begriff. Es betrifft die Summe aller Rechtsvorschriften, die die Rechte und Pflichten, Aufgaben und Kompetenzen der jeweiligen Ärzte, Krankenanstalten, Institutionen, etc. regelt.[29]

---

[25] *Kröll*, JMG 2020/3, 153.

[26] *FASIM*, Allokationsethische Orientierungshilfe 7.

[27] *Bioethikkommission*, Tätigkeitsbericht der Bioethikkommission 10 (Stand Oktober 2019 – Oktober 2020) <https://www.bundeskanzleramt.gv.at/themen/bioethikkommission/publikationen-bioethik.html> (abgefragt 12.05.2021).

[28] *Bioethikkommission*, Tätigkeitsbericht 10.

[29] *Grabenwarter/Krauskopf* in *Resch/Wallner* (Hrsg), Handbuch Medizinrecht[3] (2020) Gesundheitsrecht und Verfassung Kap I.; *Kostorz* in *Haring* (Hrsg) Gesundheitswissenschaften (2019) Gesundheitsrecht.

Angelegenheiten des Gesundheitswesen liegen grundsätzlich gem. Art 10 (1) Z 12 B-VG im Kompetenzbereich des Bundes. Dies sowohl im Bereich der Gesetzgebung als auch Vollziehung. Jedoch gibt es Ausnahmen, die in den Zuständigkeitsbereich der Länder fallen. Gem. Art 10 (1) Z 12 B-VG fallen unter diese Ausnahmen das Leichen- und Bestattungswesen, der Gemeindesanitätsdienst, das Rettungswesen und die sanitäre Aufsicht im Bereich der Heil- und Pflegeanstalten, das Kurortewesen und die natürlichen Heilvorkommen.[30]

Der Begriff des Gesundheitswesen und dessen Kompetenztatbestände gem. Art 10 (1) Z 12 B-VG werden im B-VG selbst nicht definiert. Um sie richtig interpretieren zu können, muss die Versteinerungstheorie[31] angewandt werden. Der Begriff des Gesundheitswesens ist demnach so auszulegen und zu verstehen, wie ihn der historische Gesetzgeber zum Zeitpunkt des In-Kraft-Tretens der Rechtsordnung, also am 1.10.1925, verstanden hat.[32]

Die hierfür zu berücksichtigenden Rechtsquellen sind ua das Generalitätsnormativum über sanitätspolizeiliche Vorschriften zur Seuchenbekämpfung, berufliche Regelungen für Ärzte und weiteres das Strahlenschutz-Erkenntnis[33], in dem der VfGH festlegte, dass *„Maßnahmen der Staatsgewalt, die der Abwehr von Gefahren für den allgemeinen Gesundheitszustand der Bevölkerung dienen, zur Sanitätspolizei und damit zum Gesundheitswesen zu zählen sind“.*[34]

Im Zuge dessen wurden Gesetze wie etwa das Epidemiegesetz (EpiG) oder das Tuberkulosegesetz (TubG) erlassen. Das EpiG 1913 stand zum Zeitpunkt des In-Kraft-Tretens des B-VG schon in Geltung. Daher ist er ein starker Indikator dafür, dass der Kompetenzgesetzgeber damals dessen Inhalte, als Teil des Kompetenztatbestandes „Gesundheitswesen“, dem Bund zugewiesen haben wollte.[35]

---

30 *Hiersche/K. Holzinger/Eibl*, Handbuch des Epidemierechts unter besonderer Berücksichtigung der Regelungen betreffend COVID-19 (2020) 61.
31 Zur Auslegung der Kompetenzbestimmungen nach der Versteinerungstheorie siehe allgemein *Berka*, Verfassungsrecht, Grundzüge des österreichischen Verfassungsrechts für das juristische Studium[8] (2021) Rz 429 ff.
32 *Hiersche ea*, HB EpiR 61; *Öhlinger/Eberhard*, Verfassungsrecht[12] (2019), Rz 23, 31.
33 VfSlg 3650/1959.
34 *Grabenwarter/Krauskopf* in *Resch/Wallner* Rz 12; VfSlg 3650/1959.
35 *Grabenwarter/Krauskopf* in *Resch/Wallner* Rz 12; *Hiersche ea*, HB EpiR 61.

1. Abgrenzung des Kompetenztatbestandes „Gesundheitswesens" vom Begriff der Heil- und Pflegeanstalten

Regelungen über die Errichtung, die Erhaltung oder den Betrieb von Krankenanstalten fallen in den Bereich der Heil- und Pflegeanstalten. Gerade aus diesem Grund bildet er eine Ausnahme vom Kompetenztatbestand „Gesundheitswesen". Er betrifft nicht die Absonderung Kranker oder Ansteckungsverdächtiger in Krankenanstalten. Auch im EpiG 1913 fanden sich bereits spezifische Absonderungsbestimmungen, woraus wiederum geschlossen werden kann, dass der Kompetenzgesetzgeber zum Zeitpunkt des In-Kraft-Tretens des B-VGs, diesen Bereich unter den Kompetenztatbestand des „Gesundheitswesens" wissen wollte. Dem Bund kommt daher gem. Art 12 (1) Z 1 B-VG nur die Erlassung von Grundsatzbestimmungen zu.[36]

2. Abgrenzung des Kompetenztatbestandes „Gesundheitswesens" vom Begriff des Leichen- und Bestattungswesens

Im Bereich des Leichen- und Bestattungswesens enthalten §§12 u. 13 EpiG spezielle Bestimmungen über die Einsargung, Überführung und Bestattung von Leichen, die mit Infektionskrankheiten behaftet sind. Hier ging es dem Gesetzgeber vorrangig darum, den Gesundheitsgefahren gegenüber der Bevölkerung, die speziell von Infektionskrankheiten herrühren können, vorzubeugen und nicht darum, in die Kompetenzen der Länder in diesem Bereich (Art 15 B-VG) einzugreifen.[37]

3. Abgrenzung des Kompetenztatbestandes „Gesundheitswesens" vom Begriff des „Katastrophenwesens"

Den Begriff des „Katastrophenwesens" findet man im B-VG als solchen nicht. Deshalb ist für diesen Bereich die Generalklausel zugunsten der Länder gem. Art 15 (1) B-VG einschlägig.

Es finden sich zahlreiche Definitionen des Begriffs „Katastrophe" in Landesgesetzen, wie etwa in §2 (1) TKKMG oder §2 (1) Bgld KHG.[38]

---

[36] *Hiersche ea*, HB EpiR 62.
[37] *Hiersche ea*, HB EpiR 63.
[38] Näheres zum Begriff „Katastrophe" siehe *oesterreich.gv.at-Redaktion*, Katastrophenfälle – Aktuelle Informationen zu Katastrophenfällen, Selbstschutz im Katastrophenfall, Hilfsorganisationen im Katastrophenfall, Hochwasser-Hilfe, finanziellen Unterstützungen im Katastrophenfall etc. <https://www.oesterreich.gv.at/themen/gesundheit_und_notfaelle/katastrophenfaelle.html> (abgefragt 06.08.2021).

Katastrophen gem. §2 (1) TKKMG sind ein *„durch elementare oder technische Vorgänge oder von Menschen ausgelöste Ereignisse, die in großem Umfang das Leben oder die Gesundheit von Menschen, die Umwelt, das Eigentum oder die lebensnotwendige Versorgung der Bevölkerung gefährden oder schädigen."*.

Die Definitionen in den Landesgesetzen sind sehr allgemein und weit gefasst. Deshalb ist es notwendig weitere Abgrenzungen zu anderen Bereichen, wie etwa dem „Gesundheitswesen" vorzunehmen, damit nicht alle Gefahren für die Allgemeinbevölkerung dem selbstständigen Wirkungsbereich der Länder unterstellt werden müssen. Gerade im Bereich einer Pandemie wie Corona, ist das Nahverhältnis zu einer Katastrophe leicht ersichtlich.[39]

In Analogie zur Sicherheitsverwaltung und zur Verwaltungspolizei könnte eine weitere Abgrenzung idS vorgenommen werden, als dass Gefährdungen durch Elementarereignisse vom Bereich des „Katastrophenwesens" nur so lange erfasst sein sollen, als dass diese nicht in einem auffallendem Nahverhältnis zu einer Gesetzesmaterie stehen, die in den vorbehaltenen Kompetenzbereich des Bundes fallen. Bei Infektionskrankheiten wie Corona besteht gerade ein solches Nahverhältnis zum Kompetenztatbestand des „Gesundheitswesens".[40]

4. Gibt es ein Triage-Gesetz?

In den Medien wird immer öfter über die Notwendigkeit des Gesetzgebers zur Erlassung eines Triage-Gesetzes gesprochen. Auslöser dafür waren die coronabedingten kritischen Situationen in Italien, Frankreich und Spanien. Die italienische Gesellschaft für Anästhesie, Analgesie, Reanimation und Intensivmedizin (SIAARTI) legte dazu auch ein entsprechendes Positionspapier vor, indem sie einerseits die große Anzahl an infizierten Menschen und andererseits die knapp bemessene Anzahl an zur Verfügung stehenden Intensivbetten als ausschlaggebende Faktoren für diese Überlegungen nannte.[41] Vor Ort mussten Ärzte die Entscheidung treffen, welcher Patient ein Beatmungsgerät bekommt und wer intensivmedizinisch behandelt wird.[42] Der SIAARTI ging es primär darum, den Ärzten Unterstützung anzubieten. Der Grundgedanke sei, dass es den Ärzten nicht zumutbar und möglich

---

[39] *Hiersche ea*, HB EpiR 65.
[40] *Hiersche ea*, HB EpiR 65.
[41] *Kröll*, JMG 2020/3, 151 ff.
[42] *Gelinsky*, Was regeln in einem Triage-Gesetz? (Stand 21.4.2021) <https://www.kas.de/de/einzeltitel/-/content/was-regeln-in-einem-triage-gesetz> (abgefragt 28.9.2021).

sei, Entscheidungen anhand medizinischer, dem Standard entsprechender Kriterien zu treffen und ein Triage-Gesetz eine Grundlage für solche Entscheidungen bieten würde.[43] Ein Triage-Gesetz würde sowohl den Ärzten als auch den Patienten bei Entscheidungsfindungen Rechtssicherheit und Vertrauen geben.[44]

Unter Juristen herrscht ein breites Meinungsspektrum zum Thema Triage und Gesetzgebung. Einigkeit besteht allein darüber, dass hier das Recht an seine Grenzen stößt.[45]

Kröll kritisiert in seinem Artikel[46] stark die Notwendigkeit eines Triage-Gesetzes, denn laut ihm gäbe es nicht *die* gerechte Zu- und Verteilung von Ressourcen in einer Pandemie. Demnach, so *Kröll*, kann es auch nicht *die* von der Rechtsordnung vorgeschriebene richtige Verteilung geben. Anderes kommt im Artikel von *Foese* zum Ausdruck, die auf die Dynamik der Geschehnisse und eine Interessenabwägung der Betroffenen setzt. Die Schwierigkeit einer Triagesituation ist, dass eine solche Situation eher selten vorkommt und meist unkontrollierbare Faktoren mit sich bringt, wie zB etwa den Faktor Zeit. Was an einem Tag als angemessene Maßnahme für die jeweiligen Umstände gilt, kann kurze Zeit später schon wieder unangemessen sein aufgrund veränderter Umstände.[47] Bester Anwendungsfall sind derzeit die vorkommenden Mutationen des Coronavirus.[48] Aus Sicht des Gesetzgebers ist es schwer, dieser dynamischen Situation durch *das* richtige Gesetz gerecht zu werden. Ein Gesetz, auch wenn es ständig novelliert und angepasst werden würde, hat es schwer unter dem Druck der Zeit mitzuhalten. Es kann dazu führen, dass es sodann die zuständigen Organe zu unangemessenen Umständen verpflichtet. Ein allgemein gültiges Triage-Gesetz wird eher nicht erfolgversprechend sein, da eine Triage in den unterschiedlichsten Situationen vorkommen kann, nicht nur iZm Corona. Würde nun ein Triage-Gesetz auf Basis der aktuellen Geschehnisse bezüglich Corona in Kraft treten und allgemeine Gültigkeit erlangen, könnte dieses Gesetz im Falle einer weiteren Triage mit zB einer ganz anderen Krankheit oder in Kriegszeiten, völlig

---

43 *Kröll*, JMG 2020/3, 151 ff.
44 *Gelinsky*, Brauchen wir ein Triage-Gesetz? (Stand 7.4.2020) <https://www.kas.de/de/einzeltitel/-/content/brauchen-wir-ein-triage-gesetz> (abgefragt 28.9.2021).
45 *Gelinsky*, Brauchen wir ein Triage-Gesetz 3.
46 *Kröll*, JMG 2020/3, 151 ff.
47 *Froese*, Absoluter Lebensschutz?, JRP 2020/3, 152.
48 *RKI*, Übersicht zu besorgniserregenden SARS-CoV-2-Virusvarianten (VOC) (Stand 30.9.2021) <https://www.rki.de/DE/Content/InfAZ/N/Neuartiges_Coronavirus/Virusvariante.html> (abgefragt 18.11.2021).

unangemessen erscheinen und die Situation uU sogar noch erschweren. Allgemein pauschale Aussagen zu treffen ist deshalb so gut wie unmöglich.

Aus Sicht des Arztes ist es wiederum wichtig, gewisse Rechtssicherheit bei der Entscheidungsfindung zu erfahren. Ärzte stehen während einer medizinischen Triage unter Druck. Fehlt dabei dann auch noch das nötige Vertrauen, erhöht dies gegebene Unsicherheiten und die Angst, die „falsche" Entscheidung zu treffen. Ärzte sollten zusätzlich nicht auch noch mit rechtlichen Problemen belastet werden.[49] Von den grundrechtlichen Aspekten einmal abgesehen, wird der Arzt ohne entsprechende Regelungen zB mit der Problematik der Haftung und des Schadenersatzes im Falle einer Fehlentscheidung oder arbeitsrechtlichen Konsequenzen konfrontiert.[50]

In Österreich ist die derzeitige Lage diese, dass medizinrechtliche (Neu-)Regelungen zum Teil als Dauerrechte und zum Teil als Sonderrechte beschränkt für den Fall der Pandemie bestehen. Es gibt kein geltendes Triage-Gesetz als solches. Auch weder im B-VG noch im StGB gibt es Vorgaben für Triage-Szenarien.[51] Vielmehr liegt der Schwerpunkt momentan auf der Adaptierung der Rechtslage durch Durchführungsverordnungen.[52]

Nach dem Legalitätsprinzip aus Art 18 (1) B-VG ergibt sich eine Verpflichtung an den Gesetzgeber, die von ihm erlassenen Ge- und Verbote so präzise wie möglich zu fassen. Die Vollziehung dessen muss für den einzelnen Bürger immer nachvollziehbar und vorhersehbar sein. Dazu müssen Gesetze hinreichend bestimmt sein. Der Gesetzgeber hat sich bei der Erlassung eines Gesetzes am Wortlaut, der Entstehungsgeschichte, dem Gegenstand und dem Zweck einer Norm zu orientieren. Greifen Gesetze zusätzlich in Grundrechte ein, müssen deren Eingriffstatbestände besonders genau umschrieben werden.[53] Im Falle einer Triage wird die vorwiegende Problematik sein, wie der Gesetzgeber individualrechtlichen Grundrechtschutz und das Wohl der Allgemeinheit in Konfliktsituationen gewährleisten kann. Es kommt uU zu Verteilungsgerechtigkeitsproblemen. Denn wann immer der Gesetzgeber eine Vorrangsentscheidung eines Patienten rechtlich regelt, kann dies als Folge den Tod

---

[49] *Gelinsky*, Brauchen wir ein Triage-Gesetz? 4.
[50] *Palsherm*, Triage und COVID-19, GesR 9/2020, 545.
[51] B-VG; StGB.
[52] *Resch* in *Resch*, Das Corona-Handbuch [1.06] Kap. 18 (Stand 1.7.2021) Rz 1.
[53] *Hiersche ea*, HB EpiR 58 f.

für einen anderen Patienten bedeuten.[54] Doch gerade solch eine Entscheidung darf der Gesetzgeber wegen des Bewertungsverbotes gar nicht treffen. Er darf keine Abwägungen des Lebens einer Person gegen das Leben einer anderen vornehmen. Damit würde er selbst zB in das Recht auf Leben oder in den Gleichheitssatz eingreifen.[55]

Fachgesellschaften in verschiedensten Ländern haben deshalb versucht, Ansätze einer möglichen Regelung zu schaffen.

a) Mögliche Ansätze einer Regelung

Durch Gesamtschau von Triage-Empfehlungen verschiedener europäischer Länder wird klar, dass nicht zu entscheiden ist, ob jemand medizinische Hilfe braucht, sondern vielmehr, wann und unter welchen Kriterien einem Erkrankten die lebensrettende Maßnahme gewährt wird oder nicht. Folgende Kriterien standen bzw stehen im Diskurs der Länder:

- das Losverfahren und die zeitliche Priorität,
- ein Katalog unzulässiger Kriterien,
- das Alter und die Lebensdauer und
- eine Priorisierung aufgrund sozialer Wertigkeit.[56]

aa) Losverfahren und zeitliche Priorität

Würde man allen Personen nach dem Losverfahren zB das einzig verfügbare Beatmungsgerät zuteilen, würde ein Streit über normative Zuteilungskriterien vermieden werden. Des Weiteren würde dies zu einer strikten Gleichbehandlung führen. Allerdings wurde dieses Kriterium in keiner Triage-Empfehlung aufgenommen.[57] Auch stellt sich die Frage, ob es sich der Gesetzgeber mit einem solchen alleinigen Kriterium zu leicht machen würde und das Recht auf Leben somit relativieren würde.

Denkbarer Parameter zur Behandlung Erkrankter wäre auch das „first come, first serve“-Prinzip. Eine Behandlung soll davon abhängig gemacht werden, wann ein

---

[54] *Gelinsky*, Was regeln in einem Triage-Gesetz? 4.
[55] *Gelinsky*, Was regeln in einem Triage-Gesetz? 5.
[56] *Gelinsky*, Triage-Empfehlungen grenzüberschreitend betrachtet 8 ff.
[57] *Gelinsky*, Triage-Empfehlungen grenzüberschreitend betrachtet 11.

Patient im Krankenhaus eintrifft.[58] Allerdings stellt sich hier die Problematik zu entscheiden, welches Ereignis und welcher Zeitpunkt als Ankunft eines Patienten im Krankenhaus gewertet werden soll. Zählt erst das Betreten der Notfallaufnahme oder bereits die Fahrt mit dem Rettungswagen dazu?[59]

Diese Vorgehensweise nach dem Zufallsprinzip ist aus medizinischer Sicht oftmals nicht tragbar. Denn ein Arzt ist nach §49 (1) ÄrzteG 1998 verpflichtet, „*…jeden von ihm in ärztliche Beratung oder Behandlung übernommenen Gesunden und Kranken ohne Unterschied der Person gewissenhaft zu betreuen…*“. Würde er nur noch das Los oder die zeitliche Reihenfolge des Eintreffens entscheiden lassen, würde er gegen diese Verpflichtung verstoßen, seinen Patienten gewissenhaft zu betreuen.

In Österreich haben sich diese Ansätze zur Regelung einer medizinischen Triage nicht etabliert. Die ÖGARI empfiehlt sogar explizit, dass vom „first come, first serve“-Prinzip abgegangen werden soll.[60]

ab) Katalog unzulässiger Kriterien

Prinzipiell hat der Gesetzgeber bei einer allfälligen Regelung von Triage-Situationen zwei Möglichkeiten: er nimmt eine normative Bewertung entweder nach positiven oder nach negativen Kriterien vor. Weniger Reibungspunkte haben wohl Negativkriterien, denn der Staat muss immer auch sein Bewertungsverbot von einem Leben gegenüber einem anderen Leben beachten, um seine grundrechtlichen Garantien nicht zu verletzen oder unzulässigerweise einzuschränken.[61]

Für Österreich gelten in seinen derzeitigen Empfehlungen sowohl Positiv- als auch Negativkriterien.[62]

ac) Alter und Lebensdauer als Auswahlkriterium

Der Parameter „verbleibende Lebenszeit“ war va in Italien, als sie im März 2020 einer Triage entgegensahen, entscheidend für die Verteilung der knappen Ressourcen. Italienische Kliniken nahmen alte Menschen, die notfallmedizinische hätten betreut

[58] *Gelinsky*, Triage-Empfehlungen grenzüberschreitend betrachtet 11.
[59] *Gelinsky*, Was regeln in einem Triage-Gesetz? 5.
[60] *ÖGARI*, Allokation intensivmedizinischer Ressourcen aus Anlass der Covid-19 Pandemie – Klinisch-ethische Empfehlungen für Beginn, Durchführung und Beendigung von Intensivtherapie bei Covid-19-PatientInnen 2 (Stand 17.3.2020) <https://www.oegari.at/web_files/cms_daten/covid-19_ressourcenallokation_gari-statement_v1.7_final_2020-03-17.pdf> (abgefragt 23.9.2021).
[61] *Gelinsky*, Was regeln in einem Triage-Gesetz? 5.
[62] *ÖGARI*, Klinisch-ethische Empfehlungen für die Intensivtherapie 2.

werden müssen, nicht mehr auf, da Intensivmediziner auf Empfehlung anhand der mutmaßlich verbleibenden Lebensjahre über die Vergabe von Ressourcen entscheiden sollten.[63]

Auch Länder wie die Schweiz, Frankreich, Großbritannien, Belgien und Schweden teilen diese Ansicht.[64]

In Österreich stellt sich die Frage der Zulässigkeit dieses Kriteriums zur Entscheidungsfindung. Würden diese Kriterien zugelassen werden, würde dem Leben älterer Menschen und dem Leben derer, die zB mit Vorerkrankungen belastet sind, weniger Wert zumessen. Dies würde sowohl gegen die Garantie der Menschenwürde als auch gegen Diskriminierungsverbote verstoßen, da jedes Leben gleich zu achten ist.[65] Nähere Ausführungen dazu werden in Kap VII. behandelt.

ad) Soziale Wertigkeit

Ob soziale Gruppen wegen ihrer gesellschaftlichen Wertigkeit vorrangig berücksichtigt werden sollten, wurde ebenfalls des Öfteren thematisiert. Um Beispiele zur Verdeutlichung zu nennen: Es wird ein wohlhabender Patient vorrangig vor einem sozial schwachen Patienten behandelt oder Personen mit Kindern werden gegenüber Personen ohne Kinder bevorzugt oder Straftäter werden aufgrund ihrer Tat nachrangig behandelt.[66]

Dies würde sowohl gegen Diskriminierungsverbote als auch gegen den Gleichheitssatz verstoßen.[67]

Als Ausnahmeregelung davon wurde thematisiert, ob Personal der medizinischen Notfallversorgung und Angehörige systemrelevanter Berufe priorisiert werden sollen. Als Rechtfertigungsgründe kämen die allgemeine Sicherheit und das Allgemeininteresse der Bevölkerung in Betracht. Es käme durch eine derartige Priorisierung nicht zu Abwertungen von Personen, denn Begünstigte würden aufgrund

---

[63] *ÖGARI*, Klinisch-ethische Empfehlungen für die Intensivtherapie 6.
[64] *Gelinsky*, Triage-Empfehlungen grenzüberschreitend betrachtet 9.
[65] *Gelinsky*, Was regeln in einem Triage-Gesetz? 6.
[66] *Gelinsky*, Was regeln in einem Triage-Gesetz? 6; *Gelinsky*, Triage-Empfehlungen grenzüberschreitend betrachtet 10.
[67] Nähere Ausführungen siehe dazu Kap. VII.

ihrer Bedeutung für das Gemeinwesen und nicht um ihrer selbst willen Vorrang genießen.[68]

Eine derartige Ausnahme scheint auf den ersten Blick plausibel zu sein. Der Rechtfertigungsansatz der norwegischen Regierung scheint hier passend: Retter in der Krise seien zu bevorzugen, *„damit sich die Lage durch personelle Engpässe nicht weiter verschärft und die Rettungschancen für alle Betroffenen sinken."*[69] Keine Aussage wurde allerdings darüber getroffen, wer letztendlich genau unter die Gruppe „medizinisches Fachpersonal und systemrelevante Berufe" zu subsumieren ist und ab wann eine solche Priorisierung während einer Triage zum Tragen kommen soll. Dies würde einer Festlegung bedürfen, um damit einer Ausuferung und dem daraus uU resultierenden Chaos entgegenzuwirken.[70]

In den österreichisch geltenden Empfehlungen wurden bislang keine näheren Aussagen über dieses Thema getroffen.[71]

5. Patientencharta und KaKuG als rechtliche Grundlage einer medizinischen Triage?

Eine weitere wichtige Grundlage für die Gewährleistung von Patientenrechten könnten die Patientencharta oder das Krankenanstalten- und Kuranstaltengesetz (KaKuG) sein.

Sieht man sich zunächst einige der Artikel der Patientencharta (Bund-Tirol) genauer an, weisen diese eine gewisse Ähnlichkeit mit Grundrechten auf. Sie lauten va auch ähnlich. Art 2 der Patientencharta (Bund-Tirol) bezieht sich zB darauf, dass Persönlichkeitsrechte einer Person besonders zu schützen sind. Oder in Art 3 Patientencharta (Bund-Tirol) wird ausdrücklich ein Diskriminierungsverbot aufgrund des Vorliegens oder des Verdachts einer Krankheit ausgesprochen. Auch die Titel der Abschnitte 3 und 4 der Patientencharta (Bund-Tirol), *„Recht auf Achtung der Würde und Integrität"* und *„Recht auf Selbstbestimmung und Information"* stellen eine gewisse Verbindung zu den geltenden Grundrechten her.

Allerdings ist die Patientencharta kein Gesetz, sondern ein Gliedstaatsvertrag, der nach Art 15a B-VG geschlossen wurde. Sie ist eine Vereinbarung zwischen dem Bund

---

[68] *Gelinsky*, Was regeln in einem Triage-Gesetz? 7.
[69] *Gelinsky*, Triage-Empfehlungen grenzüberschreitend betrachtet 10.
[70] *Gelinsky*, Triage-Empfehlungen grenzüberschreitend betrachtet 10
[71] *ÖGARI*, Klinisch-ethische Empfehlungen für die Intensivtherapie 5.

einerseits und dem jeweiligen Bundesland andererseits, also zwischen zwei Gebietskörperschaften. Sieht man sich die Vereinbarungen der verschiedenen Bundesländer an, lauten diese auch zum Großteil gleich und würden einheitlich gelten.[72] Trotzdem bildet dies keine unmittelbare rechtlich verbindliche Grundlage, aus der sich Rechte und Pflichten für Patient und Arzt direkt ableiten lassen. Letztlich hat die Patientencharta vorrangig „nur" eine politische Signalwirkung für die Stärkung und Fortentwicklung von Patientenrechten.[73]

Dasselbe gilt für das KaKuG. Rechte und Pflichten des Patienten und des Arztes lassen sich grundsätzlich aus den spezifischen Berufsgesetzen ableiten, wozu va auch das KaKuG zählt. Das KaKuG beinhaltet beispielsweise Bestimmungen über Verschwiegenheitspflichten, die freie Arztwahl oder Einwilligungspflichten. Trotzdem können die Rechte und Pflichten aus diesem Gesetz nicht unmittelbar durchgesetzt werden. Das KaKuG enthält keine subjektiven Rechte, es begründet vielmehr eine allgemeine Verpflichtung des Landesgesetzgebers, für die Einhaltung eben dieser Rechte und Pflichten zu sorgen.[74]

6. Ethische Prinzipien

Ethische Prinzipien gelten als Grundlage für die Entscheidungsfindung des Arztes. Auf ihnen werden die einschlägigen Orientierungshilfen aufgebaut, weshalb nun kurz auf diese eingegangen werden muss.[75]

Folgende ethische Prinzipien sind zu beachten:

- Gerechtigkeit,
- Nichtschaden,
- Wohltun und
- Autonomie.[76]

---

[72] ZB Vergleich Patientencharta (Bund-Tirol) und Patientencharta (Bund-Wien).
[73] *Memmer* in *Aigner/Kletečka/Kletečka-Pulker/Memmer* (Hrsg), Handbuch Medizinrecht (2017) Kap. I.2.1.2.2.2.
[74] *Memmer* in *Aigner ea*, Kap. I.2.1.2.
[75] *ÖGARI*, Klinisch-ethische Empfehlungen für die Intensivtherapie 5; *ÖGARI*, ICU-Triage im Falle von Ressourcen-Mangel – Empfehlungen aus Anlass der SARS-Cov-2-Pandemie 2 (Stand 26.3.2020) <https://www.oegari.at/web_files/cms_daten/gari_sop_triage_covid-19_arge_ethik_final_26.3.2020.pdf.> (abgefragt 25.8.2021).
[76] *ÖGARI*, Klinisch-ethische Empfehlungen für die Intensivtherapie 5; *ÖGARI*, ICU-Triage Empfehlungen 2.

Das ethische Prinzip der Gerechtigkeit ist so zu verstehen, dass ein Arzt knappe Ressourcen so zu verteilen hat, dass sie so effizient und fair wie möglich eingesetzt werden. Zugleich muss er aber auch dem betroffenen Patienten individuell gerecht Hilfe leisten.[77]

Unter „Nichtschaden" wird die Pflicht verstanden, dass der Arzt einerseits Allokationsentscheidungen so zu treffen hat, dass das gesamte Versorgungssystem als solches nicht in Gefahr gerät. Andererseits darf er aber auch keinesfalls Behandlungen durchführen, die dem einzelnen Patienten mehr Schaden als Nutzen bringen.[78]

Des Weiteren trifft den Arzt die Pflicht, durch das ethische Prinzip „Wohltun", Maßnahmen zu setzen, die dem Wohl des Patienten am besten entsprechen und zugleich aber auch das größtmögliche Ergebnis für die größtmögliche Zahl an Patienten zu erzielen.[79]

Zu guter Letzt hat der Arzt durch das ethische Prinzip der Autonomie noch die Pflicht, jedem betroffenen Patienten gegenüber mit Respekt zu begegnen. Eine Person darf unter keinen Umständen, auch nicht in Ausnahmesituationen, zum Objekt herabgestuft werden. Hierzu hat er die Grenzen der Freiheit der individuell betroffenen Person fortlaufend zu beachten.[80]

IV. Einschlägige Orientierungshilfen im Falle einer Triage in Österreich

Aus dem vorherigen Kapitel geht hervor, dass es kein geltendes Triage-Gesetz gibt. Entscheidungen, die Ärzte im Falle einer medizinischen Triage treffen müssen, stehen aber in einem ständigen Spannungsverhältnis zwischen Ethik und Recht. Aufbauend auf die bereits in Kap. III.6. erwähnten einschlägigen ethischen Prinzipien, haben verschiedene Institutionen Orientierungshilfen geschaffen, die dem Arzt als Stütze für

---

[77] *ÖGARI*, Klinisch-ethische Empfehlungen für die Intensivtherapie 5; *ÖGARI*, ICU-Triage Empfehlungen 2.
[78] *ÖGARI*, Klinisch-ethische Empfehlungen für die Intensivtherapie 5; *ÖGARI*, ICU-Triage Empfehlungen 2.
[79] *ÖGARI*, Klinisch-ethische Empfehlungen für die Intensivtherapie 5; *ÖGARI*, ICU-Triage Empfehlungen 2.
[80] *ÖGARI*, Klinisch-ethische Empfehlungen für die Intensivtherapie 5; *ÖGARI*, ICU-Triage Empfehlungen 2.

seine Entscheidungsfindung neben den allgemein geltenden Berufsvorschriften dienen sollen.[81]

Im folgenden Kapitel werden nun zwei der wichtigsten Orientierungshilfen und Empfehlungen in Österreich und die dafür zuständigen Institutionen näher aufgezeigt. Anschließend wird auf deren Grundrechtskonformität in Kap. V. eingegangen.

1. ÖGARI

Die österreichische Gesellschaft für Anästhesiologie, Reanimation und Intensivmedizin (ÖGARI) ist ein Verein mit Sitz in Wien, dessen Ziel es ist, all diese Gebiete und die damit verknüpften weiteren Tätigkeiten zu fördern und weiterzuentwickeln. Somit soll die bestmögliche Versorgung der Allgemeinheit in Österreich gewährleistet werden.[82]

Die Orientierungshilfe der ÖGARI richtet sich vorrangig an die klinischen Entscheidungsträger der Intensivmedizin (Abteilungsvorstände, Fachärzte, etc.). Sie sollen zugleich aber auch die Allgemeinheit über die Kriterien und Vorgangsweise aufklären, die im Falle einer medizinischen Triage zu beachten sind. Zu betonen ist hierbei, dass es sich bei der folgenden Orientierungshilfe nicht um ein rechtlich verbindliches Dokument handelt. Mediziner nehmen oft irrigerweise an, ihnen könne nichts passieren, wenn sie veröffentlichte Empfehlungen und Orientierungshilfen anwenden.[83] Es soll vielmehr eine erste praktische Stütze darstellen.[84]

a) Empfehlung zur Vorgehensweise während einer Triage außerhalb der Intensivtherapie

Im Falle einer medizinischen Triage geht es nicht nur um den Beginn und die Beendigung einer Intensivtherapie. Zur Intensivtherapie müssen zusätzlich alle möglichen Alternativen abgeklärt werden, bevor sie vorenthalten oder beendet werden kann. Es gilt dem Patienten eine maximale Therapie im Bereich des Möglichen zu gewährleisten.[85]

---

[81] *Kröll/Platzer/Ruckenbauer/Schaupp*, Die Corona-Pandemie (2020) 40; *Memmer* in *Aigner ea*, Kap. I.2.1.22.3.
[82] *ÖGARI*, Statuten der ÖGARI §§1-3 (Stand Oktober 2020) <https://www.oegari.at/statuten.php> (abgefragt 23.9.2021).
[83] *Gelinsky*, Was regeln in einem Triage-Gesetz? 9.
[84] *ÖGARI*, Klinisch-ethische Empfehlungen für die Intensivtherapie 1.
[85] *ÖGARI*, ICU-Triage Empfehlungen 1.

Folgende Vorgehensweise empfiehlt die ÖGARI:

- Normalstationen (& ICU)

Zur Behandlung auf Normalstationen muss ein ADL-Score (Activity of daily live score) ausgewertet werden. Hierbei soll die Leistungsfähigkeit und Lebensqualität eines Patienten eingeschätzt werden. Dazu werden Punkte für die Kategorien Essen, Toilette, Mobilität, Baden/Duschen, Anziehen und Kontinenz je nach benötigter fremder Hilfe vergeben. Zusätzlich wird eine Clinical Frailty Scale (CFS Dalhousie) durchgeführt. Frailty bedeutet Gebrechlichkeit iSv Widerstandskraft gegen Stressfaktoren und bezieht sich nicht auf den Faktor Alter. Auf einer Skala von 1-9 werden Menschen, die sehr aktiv, motiviert und sehr fit sind, zB mit 1 bewertet und Menschen, die am Ende ihres Lebens stehen, sich nicht mehr von einer Krankheit erholen können oder nur noch ca 6 oder weniger Monate zu leben haben, mit 9 bewertet. Je höher die Bewertung ausfällt, umso mehr sinkt die Überlebenswahrscheinlichkeit und es steigt die Wahrscheinlichkeit, ein Pflegefall zu werden.[86]

- Chirurgische Patienten

Bei Personen, die operiert werden müssen, muss zusätzlich zu den Scores für die Normalstation der POS-POM-Score durchgeführt werden. Dies ist ein präoperativer Score zur Vorhersage der postoperativen Mortalität. Der Outcome ist abhängig von der Komorbidität und der Größe des chirurgischen Eingriffs. Unter Komorbidität wird die Bewertung der totalen Krankheitslast unabhängig von der aktuellen Diagnose verstanden. Der Faktor Alter spielt hier wiederum bei der Bewertung der Mortalität nicht per se eine Rolle, sondern vielmehr die Schwere der Erkrankung und der funktionelle Status vor Ausbruch der Erkrankung. Selbst wenn die Mortalitätsrate bei älteren Patienten höher ist als bei jüngeren.[87]

- ICU

Bei Patienten auf Intensivstationen ist zusätzlich zu den Scores für die Normalstation der SOFA-Score (Sequental Organ Failure Assessment) vorzunehmen. Hierbei wird

---

[86] *ÖGARI*, ICU-Triage Empfehlungen 1; *ÖGARI*, Checkliste: ICU-Triage 2 f (Stand 26.3.2020) <https://www.oegari.at/web_files/cms_daten/gari_checkliste_triage_icu_final_26.3.2020.pdf> (abgefragt 25.8.2021).
[87] *ÖGARI*, ICU-Triage Empfehlungen 1; *ÖGARI*, Checkliste: ICU-Triage 5.

ihre Überlebenschance anhand ihrer Organdysfunktion beurteilt. Die sechs Organsysteme Atmung, zentrales Nervensystem, Herzkreislauf, Leber, Blutgerinnung und Nieren werden anhand von Punkten bewertet. Je höher der Score, umso höher ist die Mortalitätswahrscheinlichkeit.[88]

Zusätzlich zu all diesen Scores wird in der Empfehlung ausdrücklich der Patientenwille erwähnt. Dieser soll so früh wie möglich eruiert werden. So früh wie möglich bedeutet idS, wenn möglich schon bei Aufnahme des Patienten.[89]

Als rechtliche Grundlage wird speziell §49 ÄrzteG erwähnt.

Des Weiteren wird das Alter als alleiniges Triage-Kriterium explizit ausgeschlossen. Es wird darauf eingegangen, dass diese Vorgehensweise eine *„Verletzung des verfassungsrechtlich verankerten Diskriminierungsverbotes"* darstellen würde, weil dadurch ältere Menschen weniger „wert" wären als junge Menschen. Das Alter spielt trotzdem aus medizinischer Sicht eine Rolle, da steigendes Alter einschränkend auf die Überlebenswahrscheinlichkeit wirkt. Steigendes Alter kann sich sowohl auf den CFS-Score (Gebrechlichkeitsscore) als auch auf eintretende Komorbiditäten auswirken.[90] Laut ÖGARI stellt das Alter für sich allein im Falle einer Covid-19 Erkrankung erst ab 85+ einen Indikator für eine schlechte Prognose dar. Allgemeinmedizinisch betrachtet ist erst ab einem Alter von 90 Jahren das chronologische Alter per se ein unabhängiger Risikofaktor für Sterblichkeit.[91]

Zu guter Letzt wird in der Orientierungshilfe auch auf Patienten Bezug genommen, bei denen keine kurative ICU-Therapie mehr gerechtfertigt erscheint. Diese müssen im Sterbeprozess ausdrücklich palliativmedizinisch betreut werden. Das Ziel dabei soll die bestmögliche Symptomkontrolle darstellen. Hierfür wird im Anhang der Orientierungshilfe auf die *„Handlungsempfehlung zur Therapie von Patienten mit Covid-19 aus palliativmedizinsicher Perspektive für die deutsche Gesellschaft für Palliativmedizin"* zur näheren Erläuterung verwiesen.[92]

---

[88] *ÖGARI*, ICU-Triage Empfehlungen 1; *ÖGARI*, Checkliste: ICU-Triage 4.
[89] *ÖGARI*, ICU-Triage Empfehlungen 1.
[90] *ÖGARI*, ICU-Triage Empfehlungen 1.
[91] *ÖGARI*, ICU-Triage Empfehlungen 1.
[92] *ÖGARI*, ICU-Triage Empfehlungen 1; Nähere Ausführungen zur Handlungsempfehlung siehe *DGP*, Handlungsempfehlung zur Therapie von Patient*innen mit COVID-19 aus palliativmedizinischer Perspektive (Stand 29.6.2021) <https://www.dgpalliativmedizin.de/neuigkeiten/empfehlungen-der-dgp.html.> (abgefragt 20.10.2021).

2. FASIM

Die Federation of Austrian Societies of Intensive Care Medicine oder auf Deutsch der Verband der intensivmedizinischen Gesellschaften (FASIM) ist eine gemeinsame Plattform für alle intensivmedizinischen Arbeitsgruppen in Österreich. Sie wurde durch die ÖGARI und die ÖGIAIN gegründet.[93] Ihr Aufgabenbereiche sind ua die Erarbeitung von Katalogen, Empfehlungen und Diagnosen.[94]

a) Allokationsethische Orientierungshilfe für den Einsatz knapper intensivmedizinischer Ressourcen

IZm der Corona-Pandemie hat auch die FASIM ein Konsensuspapier für den Fall einer medizinischen Triage ausgearbeitet. Diese bezieht sich vorrangig auf intensivmedizinische Behandlungen und Therapien. Auf einer ersten Stufe will sie Kriterien für Behandlungsentscheidungen bereitstellen, wenn Ressourcen knapp sind. Dies sowohl unter normalen Umständen als auch in Ausnahmesituationen. Auf der zweiten Stufe sollen zusätzliche Kriterien für die Priorisierung eines Patienten für den Fall einer Ausnahmesituation geschaffen werden.[95]

Da diese Arbeit auf den Fall einer medizinischen Triage beschränkt ist, wird hier im Folgenden nur auf die zweite Stufe der Orientierungshilfe Bezug genommen.

Fünf Punkte sind für den Fall einer medizinischen Ausnahmesituation zu beachten:

- Lagebeurteilung,
- Priorisierung,
- Beginn und Ende einer Intensivtherapie,
- zweibeste Option und
- Dilemma-Situation.[96]

Unter Lagebeurteilung werden verschiedene Faktoren, wie etwa welche Ressourcen vorhanden sind und welche benötigt werden, beurteilt. Ergibt die Beurteilung, dass die Ressourcen nicht ausreichen, hat eine Allokation zu erfolgen.[97]

---

93 Österreichische Gesellschaft für Internistische und Allgemeine Intensivmedizin und Notfallmedizin.
94 *FASIM*, Startseite <http://www.fasim.at/> (abgefragt 20.10.2021).
95 *FASIM*, Allokationsethische Orientierungshilfe 9.
96 *FASIM*, Allokationsethische Orientierungshilfe 11 f.
97 *FASIM*, Allokationsethische Orientierungshilfe 11.

Die Allokation hat nach Priorisierungskriterien zu erfolgen. Da eine Priorisierung hier dynamisch ist, hat sie immer neben der Lageentwicklung zu erfolgen. Es sollen mit den vorhandenen Ressourcen möglichst viele Patienten adäquat versorgt werden, um das Leben möglichst vieler Patienten zu retten. Es wird explizit darauf hingewiesen, dass durch eine Priorisierung ein Mensch nicht qualitativ (zB aufgrund seiner Lebensdauer) oder quantitativ (zB aufgrund seiner Lebensqualität) bewertet werden darf. Eine Priorisierungsentscheidung soll auch nicht nach dem „first come first serve"-Prinzip getroffen werden. Objektive Parameter wie klinische Erfolgsaussichten, regelmäßige Reevaluation, etc. bilden die Basis für die Entscheidung eines Arztes. Verpönte Motive wie das Alter, das bloße Vorhandensein bestimmter Grunderkrankungen oder Behinderungen, der soziale Status oder persönliche Beziehungen zum Entscheidungsträger werden beispielhaft als solche erwähnt.[98]

Sowohl klinische Erfolgsaussichten als auch eine individuelle Einschätzung des Patienten müssen in die Entscheidung einfließen. Als Hilfe für eine intersubjektive Einschätzung des individuellen Patienten sollen Scoring-Systeme dienen, die die Entscheidung des Arztes nachvollziehbarer machen sollen. Sie dienen vorrangig dazu, nur den Schweregrad einer Erkrankung und das damit verbundene Risiko einzuschätzen.[99]

In die Priorisierungsentscheidung sind möglichst alle Patienten miteinzuschließen, die intensivmedizinische Betreuung benötigen könnten. Dabei soll es unerheblich sein, wo der Patient aktuell versorgt wird oder welche Symptome er aufweist. Im Vordergrund sollen immer die medizinischen Erfolgsaussichten stehen. Kriterien, die daher mit diesen Erfolgsaussichten nicht in unmittelbarem Zusammenhang stehen, sind unzulässig.[100]

Des Weiteren stellt die FASIM klar, dass es im Falle einer medizinischen Triage nicht immer um Leben-oder-Tod-Entscheidungen geht. Es muss nicht immer nur entschieden werden, ob jemand behandelt wird oder nicht. Werden Patienten aufgrund einer vorgenommenen Priorisierung nachrangig behandelt, kann als Lösung auch uU

---

[98] *FASIM*, Allokationsethische Orientierungshilfe 12.
[99] *FASIM*, Allokationsethische Orientierungshilfe 12 f.
[100] *FASIM*, Allokationsethische Orientierungshilfe 13.

die zweitbeste Option das Therapieziel des Patienten erreichen und muss deshalb immer mitberücksichtigt werden.[101]

Geht es im Extremfall allerdings doch um die Entscheidung das Leben des einen Patienten zu retten und dadurch den Tod des anderen Patienten herbeizuführen, befindet sich der Arzt in einer ethisch dilemmatischen Situation. Diese Entscheidung kann grundsätzlich nicht gerechtfertigt werden. Für die Entscheidungsträger wurde allerdings vonseiten der Rechtsgemeinschaft mittlerweile der entschuldigende Notstand gem. §10 StGB als Rechtfertigungsgrund anerkannt.[102]

Das konkrete Verfahren zur Entscheidungsfindung sieht je nach Szenario unterschiedlich aus.

Wurde eine Intensivtherapie noch nicht begonnen, sind folgende Schritte zu befolgen:

- Behandlungsnotwendigkeit,
- Klinische Erfolgsaussichten,
- Wille des Patienten,
- Priorisierung bei knappen Ressourcen und
- regelmäßige Evaluation der Intensivtherapie (mind. 1x pro Tag).[103]

Soll hingegen eine Intensivtherapie zugunsten einer anderen Person beendet werden, sind folgende Schritte zu beachten:

- regelmäßige Evaluation des Patienten, der sich bereits in Intensivtherapie befindet und
- Priorisierung bei knappen Ressourcen nach Verhältnismäßigkeit im Kontext zur Gesamtversorgungssituation.[104]

  Wird der später aufgenommene Patient als vorrangig eingestuft, soll die Intensivtherapie des anderen Patienten beendet werden und ihm die benötigte Ressource zur Verfügung gestellt werden. Wird er als nachrangig eingestuft, wird die Intensivtherapie des ersten Patienten fortgesetzt. Werden beide Patienten als gleichrangig eingeordnet, wird der erste Patient weiter behandelt.

---

[101] *FASIM*, Allokationsethische Orientierungshilfe 14.
[102] *FASIM*, Allokationsethische Orientierungshilfe 14.
[103] *FASIM*, Allokationsethische Orientierungshilfe 16 ff.
[104] *FASIM*, Allokationsethische Orientierungshilfe 19 f.

In allen drei Einstufungen soll der nachrangige Patient natürlich alternativ betreut werden (zweitbeste Option).[105]

Die Entscheidungen sollen für alle Betroffenen, gleich ob Patient, Angehöriger oder gesetzlicher Vertreter, nachvollziehbar und transparent sein. Auch sollen die Entscheidungen nach dem Mehr-Augen-Prinzip gefasst werden, um für mehr Objektivität zu sorgen.[106]

Bezüglich des Willens eines Patienten wird näher darauf eingegangen, wann die Bekanntgabe des Willens möglich und zu beachten ist.[107] Es wird näher erläutert, welchen Willen der Patient nicht äußern kann.[108]

Ein letzter beachtlicher Punkt dieser Orientierungshilfe ist die Grundrechtsbindung. Die FASIM erwähnt explizit, wenn auch nur kurz, dass *„alle Akteure den Wertungen und Normen der Verfassung und Grundrechte gegenüber verpflichtet sind"*.[109] Sie betont va die Gleichberechtigung jeder Person iZm dem *„Recht auf Leben sowie anderer im medizinischen Kontext relevanter Grundrechte, wie dem Recht auf Selbstbestimmung"*.[110] Explizit werden die Werte „Gleichberechtigung" und „Gleichstellung" jeder Person angeführt. Ein Menschenleben darf nicht gegen ein anderes Menschenleben abgewägt werden. Die FASIM erklärt als Gleichberechtigung, dass jeder Person ein Recht auf Leben, sowie anderer im medizinischen Kontext relevanter Grundrechte, zustehen. Verboten werden Allokationsentscheidungen aufgrund verbleibender Lebensqualität oder Restlebenszeit. Unter Gleichstellung soll die Unterstützung von Menschen mit besonderen Bedürfnissen verstanden werden.[111]

V. Grundrechtskonformität der Empfehlungen der ÖGARI und FASIM

Werden nun die beiden Orientierungshilfen der FASIM und ÖGARI auf ihre Grundrechtskonformität hin geprüft, ergibt sich folgendes Bild:

Es wird in beiden Empfehlungen dem Leser klar und deutlich nähergebracht, wozu es eine solche Orientierungshilfe braucht. Es wird versucht, ein möglichst weites

---

[105] *FASIM*, Allokationsethische Orientierungshilfe 19 f.
[106] *FASIM*, Allokationsethische Orientierungshilfe 15.
[107] Siehe genaue Fragestellungen zum Willen des Patienten in Schritt 3 der Orientierungshilfe – *FASIM*, Allokationsethische Orientierungshilfe 17.
[108] *FASIM*, Allokationsethische Orientierungshilfe 11.
[109] *FASIM*, Allokationsethische Orientierungshilfe 8.
[110] *FASIM*, Allokationsethische Orientierungshilfe 8.
[111] *FASIM*, Allokationsethische Orientierungshilfe 8 f.

Spektrum an Anhaltspunkten zu bieten. Ethische Prinzipien werden ins Detail ausgearbeitet. Normative Bezugspunkte werden nur wage explizit als „Rechte“ des Einzelnen erwähnt.

Die verschiedenen anzuwendenden Scores und Scales für die Einstufungen und Prognosen stellen eine medizinisch zulässige und zusammen betrachtet eine objektive Bewertung der Kriterien dar, die nicht diskriminierend ist.

In Gesamtbetrachtung haben die einzelnen Punkte viele Gemeinsamkeiten mit den Grundrechten, eine explizite Verbindung dazu wird allerdings nur wage hergestellt. Nur die Punkte Alter, Patientenwille, Gleichberechtigung und Gleichstellung finden immer wieder Erwähnung.

Speziell der Patientenwille wird zwar explizit in beiden Orientierungshilfe erwähnt, dem Leser wird durch die Orientierungshilfe allerdings nicht bewusst, dass sein Recht, seine Einwilligung oder Ablehnung in eine medizinische Behandlung zu geben, auch grundrechtlich nach Art 8 EMRK gesichert wird.

Durch die ungenaue Erklärung der Punkte Alter, Gleichberechtigung und Gleichstellung kann es sein, dass ein verfälschtes Bild über die einzelnen Grundrechte entsteht. Durch die Unterscheidung Gleichberechtigung und Gleichstellung und va die darunter subsumierten Erklärungsansätze, könnte der Leser meinen, dass dies verschiedene Punkte ohne Zusammenhang sind und nicht iVm Art 7 B-VG, dem Gleichheitssatz stehen. Unter dem Punkt Gleichberechtigung subsumiert die FASIM zB das Recht auf Leben.[112] Dies kann des Weiteren zu falschen Schlussfolgerungen bezüglich des Schutzbereich der einzelnen Grundrechte führen.

Ethik & Medizin werden in diesen Orientierungshilfen sehr präzise und objektiv schlüssig ausgearbeitet. Recht als solches, va eine Ausarbeitung der zu beachtenden Grundrechte, findet sich hier jedoch eher wenig. Allerdings darf nicht vergessen werden, dass die Empfehlungen eben allokations*ethische* Orientierungshilfen darstellen sollen. Sie sind keine rechtlich verbindlichen Dokumente. Es wird vielmehr nur versucht, dem Arzt eine erste Orientierungshilfe zu bieten und dabei möglichst viele Gesichtspunkte mitzuberücksichtigen.

---

[112] *FASIM*, Allokationsethische Orientierungshilfe 8.

Um die Wichtigkeit der Grundrechte neben Ethik und Medizin im Falle einer medizinischen Triage hervorzuheben, beschäftigt sich der Rest dieser Arbeit nun deshalb ausführlicher mit den Grundrechten des Einzelnen.

VI. Grundrechte

Der österreichische Staat beruht auf dem politischen Prinzip der Demokratie. Damit geht einher, dass der Staat dem einzelnen Menschen ein Leben in Freiheit und Würde, Gleichheit und Solidarität gewährleisten soll. Eben diese Werte werden als Grund- und Menschenrechte bezeichnet. Der Staat soll darin seine Rechtfertigung finden.[113]

Dem Gesetzgeber werden durch Grundrechte einerseits Schranken gesetzt und andererseits beziehen Grundrechte in ihren Schutzbereich selbst auch Aspekte der psychischen und physischen Gesundheit mit ein.[114]

Stehen nur begrenzt Ressourcen zur Verfügung oder kommt es im Extremfall zu einer medizinischen Triage, besteht das Hauptproblem darin, dass bei jeder Entscheidung, die das medizinische Personal treffen muss, die Behandlung eines Patienten als Folge den Tod eines anderen Patienten nach sich ziehen kann. Gerade deswegen ist es wichtig, sowohl für den Arzt, den Staat, aber auch den Patienten selbst die einschlägigen relevanten Grundrechte zu kennen, sowie deren Reichweite und Einschränkungsmöglichkeiten.[115]

Im folgenden Kapitel wird zu Beginn nochmals kurz im Allgemeinen der Wirkungsbereich der Grundrechte, deren Schutz- und Gewährleistungspflichten sowie deren Schrankenvorbehalte angeschnitten, bevor anschließend die einzelnen betroffenen Grundrechte näher aufgeführt und behandelt werden.

Grundlegende Kenntnisse über die Begrifflichkeiten, wie etwa zB den Unterschied von Grund- u. Menschenrechte, von Staatsbürger- u. Jedermannsrechten und die allgemeine Grundrechtsformel werden vorausgesetzt und deshalb nicht näher erläutert.

---

[113] *Hengstschläger/Leeb*, Grundrechte[3] (2019) Rz 1/1 ff.
[114] *Grabenwarter/Krauskopf* in *Resch/Wallner* Kap I. Rz 44.
[115] *Lindner*, MedR 38 (2020), 723 ff.

1. Wirkungsbereich der Grundrechte

Grundrechte sind in der Verfassung verankert, der ranghöchsten Norm. Im B-VG werden Grundrechte jedoch nicht als solche bezeichnet. Sie lassen sich vielmehr unter dem Begriff „verfassungsgesetzlich gewährleistete Rechte“ subsumieren. „Verfassungsgesetzlich gewährleistete Rechte“ sind allgemein definiert alle subjektiven Rechte, die in Verfassungsrang stehen.[116] Grundrechte bieten dem Einzelnen primär eine fundamentale Rechtsposition gegen die Herrschaftsgewalt des Staates. In gewissen Konstellationen aber, zB wenn eine dritte Person involviert wird, stellt sich die Frage, ob Grundrechte in der Beziehung zwischen diesen Privaten ebenso Schutzwirkungen entfalten wie zwischen dem Privatem und dem Staat. Weiters kann der Staat im Wege der Privatwirtschaftsverwaltung auftreten. Hier stellt sich die Frage, ob der Staat in diesem Fall wie ein Privater zu behandeln ist und folglich daraus, ob er an Grundrechte gebunden wird oder nicht.[117]

a) Grundrechtsträger

Generell ist jeder Mensch Träger von Grundrechten kraft Geburt. Grundrechtsträger und somit Berechtigte sind in erster Linie also natürliche Personen. Aber auch juristische Personen können Träger von Grundrechten sein. Dies beschränkt sich allerdings auf Rechte, die ihnen „ihrem Wesen nach“ zustehen können bzw Rechte, in denen sie verletzt werden können (zB Erwerbs- u. Eigentumsfreiheit).[118]

Der Staat ist eine juristische Person des öffentlichen Rechts. Juristische Personen öffentlichen Rechts genießen laut Rsp des VfGH[119] ebenfalls den Schutz der Grundrechte. Jedoch ist der Staat auch wiederum primär verpflichtet Grundrechte zu beachten. Dieser Widerspruch wird dadurch beseitigt, dass bei juristischen Personen öffentlichen Rechts in jedem Fall zwischen den einzelnen Rechten differenziert werden muss. Grundrechte haben nicht den Sinn und Zweck den Staat vor staatlichen Eingriffen zu schützen. Träger von Grundrechten ist er nur dann, wenn es mit der Schutzfunktion des Grundrechts und seiner jeweilig konkreten Stellung vereinbar ist. Keinen Schutz genießen juristische Personen des öffentlichen Rechts somit, wenn sie hoheitliche Aufgaben erfüllen oder sonstige staatliche Aufgaben wahrnehmen. Der

---

116 *Berka*, Verfassungsrecht^8 Rz 1160 ff.
117 *Hengstschläger/Leeb*, Grundrechte^3 Rz 1/1 f; *Öhlinger/Eberhard*, Verfassungsrecht^{12} Rz 702 ff.
118 *Berka*, Verfassungsrecht^8 Rz 1227, Rz 1238 ff; *Öhlinger/Eberhard*, Verfassungsrecht^{12} Rz 737.
119 Vgl zB VfSlg 8578/1979; 8854/1980; 8982/1980; 11.828/1988.

Staat hat im Bereich der Erfüllung seiner öffentlichen Aufgaben, Kompetenzen, aber keine Freiheiten und daher auch keine Freiheitssphäre, um sich zu verteidigen.[120]

b) Grundrechtsverpflichteter

Grundrechtsverpflichteter ist, wie bereits oben erwähnt, der Staat. An Grundrechte gebunden sind die Staatsgewalt sowohl des Bundes, der Lander und der Gemeinden, aber auch andere öffentlich-rechtliche Körperschaften, soweit sie hoheitlich tätig werden. Die Verpflichtung des Staates Grundrechte zu beachten, gilt für alle drei Staatsfunktionen – Gesetzgebung, Verwaltung und Gerichtsbarkeit.[121]

Weiteres ist der Staat im Bereich der Privatwirtschaftsverwaltung, im Wege der Fiskalgeltung, an diese gebunden, wenn er typische öffentliche Aufgaben privatrechtsförmig wahrnimmt.[122] Auch Gebietskörperschaften und Selbstverwaltungskörper wie zB die Ärztekammer und weitere selbstständige Rechtsträger, die öffentliche Aufgaben besorgen, sind daran gebunden. Grund dafür ist, dass der Staat sich nicht mittels Umgehung, durch Wahl seiner Rechts- und Handlungsform, seiner Bindung an Grundrechte entziehen soll.[123]

c) Drittwirkung von Grundrechten

Nun zur Hauptproblematik: Da Grundrechte grundsätzlich nur im Verhältnis zwischen Bürger und Staat gelten, stellt sich die Frage, ob Grundrechte, bezogen auf den Fall einer medizinischen Triage im Verhältnis zwischen Patient und Arzt Anwendung finden oder nicht.

Von einer ausdrücklichen Anordnung einer unmittelbaren Drittwirkung von Grundrechten hat der Gesetzgeber bis jetzt nur iSd Grundrechts auf Datenschutz Gebrauch gemacht. (§1 (2) DSG).

Zu unterscheiden ist grundsätzlich zwischen untermittelbarer und mittelbarer Drittwirkung von Grundrechten. Unmittelbare Drittwirkung würden Grundrechte dann entfalten, wenn sich eine Privatperson gegen eine andere Privatperson einen Anspruch aus dem jeweiligen Grundrecht direkt ableiten kann. Dies wird heute von der

---

120 *Berka*, Verfassungsrecht[8] Rz 1242 ff, Rz 1258; *Hengstschläger/Leeb*, Grundrechte[3] Rz 1/46.
121 *Hengstschläger/Leeb*, Grundrechte[3] Rz 1/46.
122 *Hengstschläger/Leeb*, Grundrechte[3] Rz 1/71.
123 *Grabenwarter/Holoubek*, Verfassungsrecht, Allgemeines Verwaltungsrecht[4] (2019) Rz 388; *Grabenwarter/Krauskopf* in *Resch/Wallner* Kap. I. Rz 43.

Allgemeinheit jedoch verneint.[124] Vielmehr gilt eine mittelbare Drittwirkung von Grundrechten. Diese wird vielfach für alle Grundrechte bejaht. Zur mittelbaren Drittwirkung kommt es dann, wenn ein Gesetz eine Wirkung des Grundrechts auf das jeweilige Rechtsverhältnis zwischen Privaten vermittelt. Den Gesetzgeber treffen Schutzpflichten gegenüber dem Einzelnen. Deshalb ist es seine Aufgabe, es zu ermöglichen, dass Rechtsverhältnisse zwischen Privaten effektiv ausgeübt werden können und zugleich deren Rechtspositionen abgegrenzt werden. Erreicht werden kann dies nicht mit einer einseitigen Umsetzung eines Grundrechts, sondern nur über die Abwägung und den Ausgleich mit Grundrechten, die eine gegenteilige Position repräsentieren. (zB Recht auf Privatleben und Recht auf Meinungsfreiheit).[125]

Hierfür ist es zunächst Aufgabe der Gerichte die einschlägigen Bestimmungen grundrechtskonform auszulegen und anzuwenden. Vor allem §16 ABGB spiegelt durch seinen Kern über die Würde des Menschen, einen der Grundpfeiler der Grundrechte wider.[126]

„Jeder Mensch hat angeborne, schon durch die Vernunft einleuchtende Rechte, und ist daher als eine Person zu betrachten. Sclaverey oder Leibeigenschaft, und die Ausübung einer darauf sich beziehenden Macht, wird in diesen Ländern nicht gestattet“.[127]

§16 ABGB erkennt als Zentralnorm unserer Rechtsordnung laut OGH die Persönlichkeit eines Menschen als Grundwert an[128], ohne dabei in Verfassungsrang zu stehen. In dessen Wertvorstellung fließen verfassungsmäßig garantierte Grundrechte mit ein. Durch §16 ABGB werden sie zu privatrechtsrelevanten Grundwerten. Zum Schutz der Persönlichkeit gewährt §16 ABGB jedermann absolute Persönlichkeitsrechte, die auf die Wahrung der Würde des Menschen in seinem sozialen Umfeld gerichtet sind. Daraus lässt sich ableiten, dass in seinem Kernbereich die Würde des Menschen miterfasst ist.[129]

Die Drittwirkung von Grundrechten hängt zusammengefasst also vom jeweiligen Rechtsverhältnis, dem betroffenen Grundrecht, dessen Inhalt und vor allem von den

---

[124] Vgl. OGH 15.04.1998, 3Ob2440/96m.
[125] *Öhlinger/Eberhard*, Verfassungsrecht[12] Rz 741 ff.
[126] *Öhlinger/Eberhard*, Verfassungsrecht[12] Rz 741 ff.
[127] §16 ABGB.
[128] OGH 25.5.2007, 6 Ob 103/07a.
[129] *Aicher* in *Rummel/Lukas* (Hrsg.), ABGB[4] §16 ABGB (2015) Rz 2, 57.

daraus resultierenden Konsequenzen ab. Es wird angenommen, dass der Einzelne gegenüber allen Bereichen seines elementaren persönlichen Bereiches schutzwürdig ist, egal ob vonseiten des Staates oder vonseiten eines „Dritten“. Dieser Interpretationsspielraum darf aber nicht zu weit gefasst werden, da beachtet werden muss, dass der Einzelne immer über seine Rechte frei verfügen darf und auch in grundrechtlichen Bereichen verpflichtende Rechtsverhältnisse eingehen kann.[130]

d) Wirkungsbereich im Verhältnis zwischen Patient und Arzt

Ausdrückliche Regelungen iZm dem Gesundheitswesen fehlen in der österreichischen Verfassung und sind nur auf einfachgesetzlicher Ebene geregelt. Dies führt dazu, dass grundrechtliche Problematiken nicht direkt verfolgt werden. Auf einfachgesetzlicher Ebene ist es das Ziel, die jeweiligen Interessen des einen mit den Interessen des anderen sinnvoll und verhältnismäßig abzuwägen und so eine faire Abgrenzung zu schaffen.[131]

Werden die im vorherigen Kapitel gewonnen Erkenntnisse über den Wirkungsbereich von Grundrechten auf das Verhältnis zwischen Patient und Arzt angewandt, muss unterschieden werden, ob ein Arzt frei praktiziert oder eine Behandlung im Krankenhaus durchgeführt wird. Im ersteren Fall wird ein Behandlungsvertrag zwischen den beiden Parteien abgeschlossen. Dies löst primär Vertragsrechtsfolgen aus. Der Behandlungsvertrag bildet somit vorrangig die Grundlage für die Einhaltung der Rechte und Pflichten sowohl des Arztes als auch des Patienten. Im zweiteren und bei Auftreten einer medizinischen Triage vorrangig zu beachtenden Fall, handelt der Arzt als Erfüllungsgehilfe des Anstaltsträgers (Krankenhaus, etc.). Er kann somit nicht direkt wegen Einhaltung vertraglicher Beziehungen belangt werden. Es haftet in diesem Fall die Krankenanstalt für das Handeln seiner Erfüllungsgehilfen.[132] Es ist auch darauf hinzuweisen, dass für das Arzt-Krankenhaus-Verhältnis nicht immer die gleichen Regeln gelten wie für das Verhältnis zwischen Patienten und frei praktizierendem Arzt. Beispielsweise hat ein Patient grundsätzlich ein Recht auf freie Arztwahl. Im Krankenanstaltenbereich hat er diese Wahlmöglichkeit allerdings nicht.[133]

---

[130] *Berka*, Verfassungsrecht[8] Rz 1269.
[131] *Grabenwarter/Krauskopf* in *Resch/Wallner* Kap. I. Rz 38.
[132] *Memmer* in *Aigner ea*, Kap I.2.1.1.
[133] *Memmer* in *Aigner ea*, Kap. I.2.2.3.1.

Einen Sonderfall stellt die Behandlung bewusstloser Patienten dar. Da diese nicht entscheidungsfähig sind, kann vorerst kein Vertrag abgeschlossen werden. Hier liegt dann, als rechtliche Grundlage, ein Fall der Geschäftsführung ohne Auftrag vor.[134]

Das Verhältnis zwischen Patient und Arzt bzw zwischen Patient und Krankenanstalt ist somit in allen Fällen privatrechtlicher Natur.[135] Keiner der Parteien nimmt hoheitliche Aufgaben oder Befugnisse wahr. Im Zuge der einfachen Gesetzgebung wirkt die Bindung an Grundrechte jedoch auch auf das Verhältnis zwischen zwei Trägern des Privatrechts ein, da Private jedenfalls im Rahmen der Gesetze handeln müssen. Hier muss der Gesetzgeber einen Interessensausgleich bei Kollisionen herzustellen versuchen. Sodann müssen im Fall einer Streitigkeit vor Gericht, die Gerichte die Grundrechte beachten. Eine mittelbare Drittwirkung der Grundrechte ist deswegen zu bejahen.[136]

2. Schutz- und Gewährleistungspflichten des Staates

a) Allgemeines

Alle Grundrechte haben gemein, dass sie die menschliche Würde und Freiheit als Ziel haben. Sie unterscheiden sich aber dadurch, dass sie im Einzelnen unterschiedliche Sachverhalte gewährleisten.[137]

Der Staat hat zum einen durch positives Tun für die Ausübbarkeit und Achtung der Grundrechte zu sorgen. Eine solche Schutzpflicht lässt sich aus den klassischen liberalen Grundrechten des StGG nicht ableiten, da diese überwiegend Abwehrrechte zum Gegenstand haben.[138] Verankert ist diese Verpflichtung vielmehr in Art 1 EMRK:

„Die Hohen Vertragschließenden Teile sichern allen ihrer Jurisdiktion unterstehenden Personen die in Abschnitt I dieser Konvention niedergelegten Rechte und Freiheiten zu“.

Die Vertragsstaaten trifft demnach eine allgemeine Pflicht, die in der EMRK niedergeschriebenen Rechte und Freiheiten des Einzelnen zu gewährleisten. Um die in der EMRK festgelegten Rechte gewährleisten zu können, muss der österreichische

---

[134] *Memmer* in *Aigner ea,* Kap. I.2.1.1.4.
[135] *Memmer* in *Aigner ea,* Kap. I.2.1.1.
[136] *Grabenwarter/Krauskopf* in *Resch/Wallner* Kap. I. Rz 38.
[137] *Berka*, Verfassungsrecht[8] Rz 1209; *Grabenwarter/Krauskopf* in *Resch/Wallner* Kap. I. Rz 39.
[138] *Hiersche ea,* HB EpiR 30.

Gesetzgeber diese auf nationaler Ebene gesetzlich verankern, denn fehlende Gesetze können vom VfGH nicht erzwungen werden.[139]

Zum anderen treffen den Staat Unterlassungspflichten iSv Achtungsansprüchen. Er darf in die gewährleisteten Freiheiten nicht eingreifen bzw ist es ihm nur unter bestimmten Bedingungen erlaubt.[140]

Der Einzelne kann sich des Weiteren im Rahmen des betroffenen Schutzbereiches Freiheiten gegenüber dem Staat sichern. Der Staat wird verpflichtet die Grundrechte zu achten und zu schützen. Grundrechte werden daher auch als Abwehrrechte gegen den Staat bezeichnet.[141]

Ebenfalls gelten Grundrechte als Prinzipien. Sie sollen keine eindeutigen Entscheidungen vorgeben, sondern „nur" so gut wie möglich verwirklicht werden. Der Gesetzgeber hat dafür beim Erlass seiner Regelungen, eine Abwägung der jeweiligen Regelung mit den Grundrechten vorzunehmen. Er hat also die gesetzlichen Schranken zu beachten.[142]

b) Reichweite der Schutz- und Gewährleistungspflichten im Bereich der Seuchenbekämpfung

Der Schutz der Bevölkerung vor übertragbaren Krankheiten steht mit den Grundrechten in einem großen Spannungsverhältnis. Den Staat trifft die Schutzpflicht, geeignete Maßnahmen zu setzen, um das Leben und die Gesundheit seiner Bürger zu schützen.[143]

Zweifelsfrei fallen in den Bereich der staatlichen Schutzpflichten *„Gefahren, die zumindest in letzter Konsequenz dem Handeln des Staates zugerechnet werden können."*[144] Die Besonderheit besteht allerdings darin, dass Seuchen nicht gewollt unter dem Einfluss des Staates entstehen, sondern wie ein Naturereignis auftreten und sich ausbreiten. Trotzdem sind solche Krankheiten meist vorhersehbar. Sie lassen sich

---

[139] *Öhlinger/Eberhard*, Verfassungsrecht[12] Rz 694 ff.
[140] *Berka*, Verfassungsrecht[8] Rz 1221.
[141] *Berka*, Verfassungsrecht[8] Rz 1210; *Öhlinger/Eberhard*, Verfassungsrecht[12] Rz 692.
[142] *Öhlinger/Eberhard*, Verfassungsrecht[12] Rz 693.
[143] *Hiersche ea*, HB EpiR 30.
[144] *Hiersche ea*, HB EpiR 31.

jedenfalls durch gewisse Maßnahmen eindämmen, sodass Gesundheitsgefährdungen vermindert werden könnten.[145]

Wie in Kap VII.1. näher erläutert, gibt es in Österreich kein eigenes Recht auf Gesundheit. Letztendlich leitet sich eine Pflicht des Staates zur Abwehr solcher Gesundheitsgefahren insbesondere aus Art 2 und Art 8 EMRK ab. Das Recht auf Selbstbestimmung, die Selbstverantwortlichkeit eines jeden Menschen, wie auch die Verwirklichung des allgemeinen Lebensrisikos im Hinblick auf Krankheiten, bilden die Grenzen. Der Staat muss den Einzelnen weder vor seinem eigenen Leichtsinn noch vor seiner Unvernunft schützen und trifft ihn auch nicht die Verpflichtung, in freiwillig eingegangene Risiken des Einzelnen einzugreifen.[146]

Die Absehbarkeit des Ereignisses, dessen Ursprung und die faktischen Möglichkeiten der Behörden stellen die Hauptkriterien dar, um die Reichweite der Schutzpflichten des Staates zu bestimmen.[147] Abgeleitet werden diese insbesondere aus der Rechtsprechung des EGMR zu Art 2 EMRK.[148] Von der Bedrohung muss eine ernsthafte und unmittelbare Gefahr gegen geschützte Rechtsgüter ausgehen, von der die Behörden wissen oder zumindest wissen mussten.[149]

Die Mittel derer sich der Staat zur Bekämpfung und Eindämmung der Gefahr bedient, stehen ihm grundsätzlich frei. Bei einer konkret vorhersehbaren Bedrohung muss er allerdings alles in seiner Macht Stehende tun, um den Schutz des Lebens zu gewährleisten. Dabei muss vor allem bei besonders eingriffsintensiven Maßnahmen der Grundsatz der Verhältnismäßigkeit beachtet werden. Dieser muss immer nach den Umständen des Einzelfalls und nach den Gegebenheiten des betroffenen Grundrechts geprüft werden. Nach Meinung des VfGH ist die zentrale Frage, die hier zu behandeln ist, ob die Behörden *„alles getan haben, was vernünftigerweise von ihnen hätte erwartet werden können"*.[150] Aufwendungen des Staates haben sich immer an den Kriterien der Ernsthaftigkeit, der Dringlichkeit und der Vorhersehbarkeit zu orientieren.[151]

---

145 *Hiersche ea*, HB EpiR 31.
146 *Hiersche ea*, HB EpiR 37.
147 *Hiersche ea*, HB EpiR 38.
148 Siehe dazu EGMR 20.3.2008, 15.339/02 ua, *Budayeva ua gegen Russland*, Rn 137; EGMR 28.10.1998, 23452/94, *Osman gegen Vereinigtes Königreich*, Rn 116.
149 *Hiersche ea*, HB EpiR 38.
150 VfSlg 19.708/2012.
151 *Hiersche ea*, HB EpiR 38.

Letztlich fällt in den Bereich der Schutzpflichten des Staates im Wege der Eindämmung von Krankheiten auch die Informationspflicht gegenüber der Bevölkerung. Ob er dies im Wege adäquater Informationen oder Warnungen erreicht, ist immer anhand des jeweiligen Einzelfalls zu beurteilen. Im Falle einer Epidemie kann dem nur schwer Genüge getan werden. Somit erst recht nicht im Falle einer Pandemie.[152]

3. Bindungswirkung (Schrankenvorbehalte)

Ein weiterer wichtiger allgemeiner Punkt der Grundrechte, der an dieser Stelle kurz wiederholt werden soll, stellen die Gesetzesvorbehalte dar. Zu unterscheiden ist dabei zwischen dem Eingriffsvorbehalt und dem Ausgestaltungsvorbehalt. Besteht ein Eingriffsvorbehalt, ist im Grundrecht selbst eine Ermächtigung an den einfachen Gesetzgeber verankert, Einschränkungen vorzunehmen. Unter einem Ausgestaltungsvorbehalt wird der Auftrag an den Gesetzgeber verstanden, ein Grundrecht überhaupt erst inhaltlich näher zu gestalten.[153]

Eines der wichtigsten Prinzipien, das idS auch immer zu beachten ist, ist das Verhältnismäßigkeitsprinzip als Schranke für den Gesetzgeber.[154] Insgesamt verwendet der VfGH folgende Formel, um eine Einschränkung der Grundrechte für zulässig zu erachten: Einschränkungen sind nur dann zulässig, *„wenn sie durch das öffentliche Interesse geboten, zur Zielerreichung geeignet, adäquat und auch sonst sachlich gerechtfertigt sind."*[155]

Eine Ausnahme von diesen Schranken bilden vorbehaltlose Grundrechte. Sie enthalten keine Ermächtigung an den Gesetzgeber ein Grundrecht einzuschränken oder näher auszugestalten. Zu unterscheiden ist hier zwischen absolut gewährleisteten Grundrechten, bei denen ein Eingriff unter keinen wie auch immer eintretenden Umständen zulässig ist und Grundrechten, die unter einem immanenten Schrankenvorbehalt stehen.[156] Die Judikatur nimmt bei immanenten Grundrechtsschranken an, dass Eingriffe zulässig sind, wenn sie allgemein gefasst und nicht an einen direkten Adressaten gerichtet sind. Intentionale Schranken, also

---

[152] *Hiersche ea*, HB EpiR 39; Ausführungen zum Unterschied Epidemie vs Pandemie siehe Kap. II.1.
[153] *Hengstschläger/Leeb*, Grundrechte[3] Rz 1/49; *Öhlinger/Eberhard*, Verfassungsrecht[12] Rz 710 f.
[154] *Öhlinger/Eberhard*, Verfassungsrecht[12] Rz 715 f.
[155] *Hengstschläger/Leeb*, Grundrechte[3] Rz 1/55.
[156] *Hengstschläger/Leeb*, Grundrechte[3] Rz 1/58 f.

Regelungen, die bewusst und direkt auf eine Beschränkung des Grundrechts und deren abwehrrechtliche Garantie gerichtet sind, sind unzulässig.[157]

VII. Ausgewählte relevante Grundrechte iZm der medizinischen Triage

Werden medizinische Ressourcen knapp, weil nicht genügend Geräte oder Personal zur Verfügung stehen, kann es in Krisenzeiten vermehrt zu Grundrechtskonflikten kommen. Doch gerade hier ist es für den Einzelnen wichtig, Rechtssicherheit zu haben. Kriterien wie Rasse, Herkunft, Ethnie, Alter, Qualität des Lebens, soziale Nützlichkeit oder geistige Verfassung dürfen dabei keine Rolle spielen. Muss ein Arzt also im Fall knapper Ressourcen die Entscheidung treffen, wen von zwei Personen er überleben lässt bzw wem er eine Behandlung ermöglicht, dürfen diese Kriterien nicht in seine Entscheidung einfließen, denn Leben gegen Leben darf niemals aufgewertet werden.[158]

Hauptziel ist es im Falle einer medizinischen Triage die Gleichheit einer Person gegenüber einer anderen weiterhin zu gewährleisten.[159] Alle Akteure sind verpflichtet, die ethischen Prinzipien, die Wertungen und Normen der Verfassung, aber vor allem auch Grundrechte zu beachten.[160]

Die relevantesten Grundrechte im Anwendungsfall einer medizinischen Triage sind:

- Art 2 EMRK, das Recht auf Leben,
- Art 3 EMRK, das Verbot unmenschlicher oder erniedrigender Behandlung,
- Art 5 EMRK bzw. BVG über den Schutz der persönlichen Freiheit, das Recht auf persönliche Freiheit,
- Art 8 EMRK, das Recht auf Achtung des Privatlebens und
- Art 7 (1) B-VG, das Recht auf Gleichheit.

Im Folgenden Kapitel werden nun all diese Grundrechte, ihr Schutzbereich und ihre zulässigen Einschränkungsmöglichkeiten im Einzelnen aufgezeigt. Vorab soll geklärt werden, ob es in Österreich ein Recht auf Gesundheit und ein Recht auf Zugang zu Gesundheitsleistungen gibt.

---

157 *Öhlinger/Eberhard*, Verfassungsrecht[12] Rz 719 f.

158 *FASIM*, Allokationsethische Orientierungshilfe 9; *Kneihs*, Das Recht auf Leben in Österreich, JBl 1999, 76.

159 *FASIM*, Allokationsethische Orientierungshilfe 9; *Kneihs*, JBl 1999, 76.

160 *Bioethikkommission*, Stellungnahme zu Covid-19 und Ressourcen 5; *Lindner* MedR 38 (2020) 723.

1. Gibt es ein Recht auf Gesundheit?

Ein Recht auf Gesundheit ist im österreichischen Grundrechtskatalog nicht niedergeschrieben, weshalb sich der Einzelne auch nicht direkt darauf berufen kann. Vielmehr ist es so, dass sich gesundheitsbezogene Garantien aus anderen verschiedenen Grundrechten ableiten lassen. Aus Art 2 EMRK und Art 8 EMRK bzw auch aus Art 3 EMRK lässt sich zB ein Recht auf Schutz vor Gesundheitsgefahren ableiten. Entscheidend dabei ist, dass eine Gesundheitsgefährdung vorliegen muss, die ein lebensbedrohliches Ausmaß erreicht.[161] Weitere ableitbare gesundheitsbezogene Rechte werden im jeweiligen Kapitel unter dem einschlägigen Grundrecht genauer behandelt.

2. Recht auf Zugang zu Gesundheitsleistungen (Art 35 GRC)

Art 35 GRC normiert ein Recht auf Zugang zu Gesundheitsleistungen. Dies in Hinblick auf Gesundheitsvorsorge und ärztliche Versorgung nach Maßgabe der einzelstaatlichen Rechtsvorschriften und Gepflogenheiten. Ob sich daraus Schutzpflichten des Staates ableiten lassen, ist fraglich, denn es ist nicht abschließend geklärt, ob Art 35 GRC ein subjektives Recht des Einzelnen darstellt oder lediglich als Grundsatz herangezogen werden kann. *Grabenwarter/Krauskopf* sind der Meinung, dass, wenn man aus Art 35 Satz 1 GRC ein Individualrecht ableiten möchte, hier lediglich ein Recht auf Teilhabe an bereits vorhandenen Gesundheitsleistungen abgeleitet werden kann.[162] *Berka* hingegen verneint jedenfalls, dass Art 35 GRC ein subjektives Recht ist, das einem verfassungsgesetzlich gewährleisteten Recht gleicht.[163] Einigkeit besteht nur hinsichtlich Art 35 Satz 2 GRC. Satz 2 normiert, dass bei der Festlegung und Durchführung aller Maßnahmen der Union ein hohes Gesundheitsschutzniveau sichergestellt werden soll. Dies stellt unumstritten nur einen Grundsatz bzw eine Zielbestimmung an den Gesetzgeber dar, dem keine grundrechtsverbindliche Wirkung zukommt.[164]

---

[161] *Hiersche ea*, HB EpiR 32; Entscheidungen dazu siehe EGMR 24.7.2014, 60908/11 ua, *Brincat ua gegen Malta* oder EGMR 28.2.2012, 17423/05 ua, *Kolyadenko ua gegen Russland* bzw VfSlg. 15.046/1997.

[162] *Grabenwarter/Krauskopf* in *Resch/Wallner*, Kap I Rz 73.

[163] *Berka*, Die Verantwortung des Staates für die medizinische Versorgung, RdM 2019/121, 231.

[164] *Berka*, RdM 2019/121, 231; *Grabenwarter/Krauskopf* in *Resch/Wallner*, Kap I Rz 73; *Hiersche ea*, HB EpiR 37.

3. Recht auf Leben (Art 2 EMRK, Art 85 B-VG, 6. ZP EMRK)

Eines der wichtigsten Grundrechte im Anwendungsfall einer medizinischen Triage ist das Recht auf Leben. Auch hat dessen generelle Bedeutung mittlerweile in der österreichischen Rsp und Lehre, sowie in der Rsp der EU zugenommen.[165]

Das Recht auf Leben ist in den einzelnen Rechtsquellen mehrfach verankert. Art 63 (1) StV von Saint Germain zB bezieht sich auf ein Recht auf Leben für alle österreichischen Einwohner. In Art 2 EMRK wird durch eine allgemeine Garantie das Recht *jedes* Menschen auf das Leben gesetzlich geschützt. Durch diese Garantie haben Art 63 (1) StV von Saint Germain oder weitere Ableitungen auf ein Recht auf Leben, wie etwa aus dem StGG, praktisch kaum mehr Bedeutung.[166]

a) Schutzbereich

Schutzgut des Art 2(1) erster Satz EMRK ist nicht das Leben an sich, sondern das Recht darauf. Es bietet Schutz vor Bedrohungen von außen, fordert aber keinen dem Einzelnen aufgetragenen Lebensschutz im Sinne einer unmittelbaren Drittwirkung. Jeder einzelne Mensch hat einen Anspruch auf Bewahrung seines Lebens. Hierfür wird dem Staat aufgetragen, diesen Anspruch durch entsprechende rechtliche Vorkehrungen zu schützen.[167]

In Bezug auf Wertungen des Lebens einer Person und dem Leben einer anderen werden keinerlei Unterschiede gemacht. Menschliches Leben ist grundsätzlich so lange vorhanden, solange nach medizinischer Sicht menschliche Individualexistenz gegeben ist.[168]

b) Beginn des Anspruchs

Der Anspruch auf ein Recht auf Leben beginnt grundsätzlich mit der Geburt.[169] Ein Nasciturus[170] wird vom Recht auf Leben allerdings nicht erfasst. Dies hat der VfGH in seinem Erk zur Fristenlösung, *VfSlg 7400/1974*, ausgesprochen:

---

165 *Kneihs*, JBl 1999, 76.
166 *Grabenwarter/Krauskopf* in *Resch/Wallner* Kap. I. Rz 45; *Hengstschläger/Leeb*, Grundrechte^3 Rz 2/1 f.
167 *Kneihs*, JBl 1999, 76.
168 *FASIM*, Allokationsethische Orientierungshilfe 9; *Kneihs*, JBl 1999, 76.
169 *Hengstschläger/Leeb*, Grundrechte^3 Rz 2/2.
170 Ein Nasciturus ist ein *„gezeugtes, aber noch nicht geborenes Kind."*; *Welser/Kletecka*, Bürgerliches Recht I^{15} (2018) Rz 175.

Auf Antrag der Salzburger Landesregierung musste der VfGH entscheiden, ob §97(1) Z1 StGB wegen Verfassungswidrigkeit aufzuheben sei.[171]

Gem. §97(1) Z1 StGB ist ein Schwangerschaftsabbruch nicht strafbar, wenn er innerhalb der ersten drei Monate nach Beginn der Schwangerschaft stattfindet. Darüber hinaus muss vorher eine ärztliche Beratung erfolgen.

Der VfGH versuchte ua in diesem Erk den Begriff „Leben" zu definieren. Der Begriff „Leben" ist laut VfGH ein rein natürlicher Begriff – die biologisch-physische Existenz. Er setzt dem „Lebendigsein" den Gegenbegriff „Nochnichtleben" gegenüber.[172]

Auch stellte der VfGH durch dieses Erk fest, dass aus Art 2 EMRK nicht eindeutig hervor geht, ab welchem Zeitpunkt genau der Schutz des Lebens beginnen soll. Zur Klärung solcher Zweifelsfragen muss er immer von den authentischen Texten der Konvention ausgehen. Die EMRK aber enthält keine solchen Begriffsbestimmungen bezüglich des Zeitpunkts des Beginn des Lebens.[173]

Schließlich kam der VfGH zu dem Schluss, dass nach einer Gesamtbetrachtung des Textes des Art 2 EMRK, nur das geborene, nicht das keimende Leben geschützt werde.[174]

In einem jüngeren Urteil aus dem Jahr 2011 definierte des Weiteren der EuGH zwar, was unter einem menschlichen Embryo zu verstehen ist, jedoch hat auch er bis heute keine genaue Definition über den Beginn des Lebens vorgenommen.[175]

Ein ausdrückliches Recht auf Leben für ungeborene Kinder besteht nur in Irland, in der Slowakei, Tschechien und Ungarn.[176]

Dieses klare Erk ist hauptsächlich in Bereichen des Gesundheitswesen wichtig, in denen es um den Umgang und das Überleben von Embryonen und Feten geht. [177] Des Weiteren kann dies gerade auch während der Entscheidung darüber, wer im Falle

---

[171] VfSlg 7400/1974.
[172] VfSlg 7400/1974; §§96 u. 97 StGB.
[173] VfSlg 7400/1974.
[174] VfSlg 7400/1974; Vgl auch OGH 25.5.1999, 1Ob91/99k und *Muzak*, B-VG[6] (2020) Art 2 MRK Rz 1.
[175] EuGH, 18.11.2011, C-34/10, *Oliver Brüstle vs Greenpeace*.
[176] *Borowsky* in *Meyer/Hölscheidt* (Hrsg), Charta der Grundrechte der europäischen Union[5] (2019) Art 2 Rz 2.
[177] *Grabenwarter/Krauskopf* in *Resch/Wallner* Kap. I. Rz 46.

einer medizinischen Triage vorrangig behandelt werden soll, die Mutter, das Kindes u./o. eine dritte Person, von großer Relevanz sein.

c) Ende des Anspruchs

Noch wichtiger ist es im Falle einer medizinischen Triage den Todeszeitpunkt eines Menschen und damit das Ende des Anspruchs auf dieses Grundrecht festzustellen, da dies in der Praxis die häufigere Problematik für Ärzte darstellen wird. Es geht nicht nur darum, ab wann ein Mensch als tot gilt, sondern vielmehr muss ein Zeitpunkt festgesetzt werden, vor dem keinesfalls der Tod angenommen werden darf.[178] Einen späteren Zeitpunkt des Todes kann der Gesetzgeber immer festlegen.[179]

Seit den 70er-Jahren ist nach hA der Hirntod der maßgebliche Zeitpunkt des Todes eines Menschen.[180] Unter Hirntod wird ein irreversibler Hirnfunktionsausfall (IHA) verstanden, bei dem es zu einem endgültigen Ausfall des Großhirns, des Kleinhirns und des Hirnstammes kommt.[181] Bei dieser Festlegung des Todeszeitpunktes ist von Vorteil, dass der Hirntod auch bei künstlich aufrecht erhaltenem Kreislauf und unter künstlicher Beatmung festgestellt werden kann.[182]

Gem. Art 2 EMRK besteht grundrechtlicher Schutz, solange eine Revitalisierung des Organismus aus medizinischer Sicht nicht gänzlich ausgeschlossen werden kann. Der Tod eines Menschen darf deshalb keinesfalls vor „Erlöschen" seiner Gesamtindividualität angenommen werden.[183]

Gerade auf Intensivstationen, die häufigster Schauplatz von Triage-Situationen sind, kann es vermehrt zu solchen IHA-Szenarien kommen. ZB vor allem dann, wenn Patienten mit schweren Hirnschäden beatmet werden müssen.[184] Genauigkeit bei der Festlegung des Todeszeitpunktes ist hier deshalb wichtig, weil dadurch sowohl den Ärzten als auch dem sonstigen medizinischen Fachpersonal ein Rahmen gegeben

---

178 *Hengstschläger/Leeb*, Grundrechte³ Rz 2/3.
179 *Kneihs*, JBl 1999, 76 ff.
180 *Kneihs*, JBl 1999, 76 ff.
181 *Bösel/Ellger*, SOP Hirntod („irreversibler Hirnfunktionsausfall"), *Intensivmedizin Up2date* 13.3 (2017) 245.
182 *Bösel/Ellger, Intensivmedizin Up2date* 13.3 (2017) 245; *Heun*, Der Hirntod als Kriterium des Todes des Menschen — Verfassungsrechtliche Grundlagen und Konsequenzen, Juristenzeitung 51.5 (1996) 213 (jstor.org).
183 *Kneihs*, JBl 1999, 76 ff.
184 Nähere Statistiken zur Bettenauslastung, Mortalitätsrate, etc. siehe *Bachner/Rainer/Zuba*, Intensivpflege und COVID – Factsheet.

wird, an den sie sich auch unter Druck und Überlastung objektiv halten können. Ohne genaue Festlegung könnten vermehrt Fehler passieren oder ungerechtfertigte Priorisierungen vorgenommen werden, die uU den sonst nicht eingetretenen frühzeitigen Tod eines Patienten zur Folge haben.

Der Tod eines Menschen wird nach der Rechtsordnung jedoch nicht nur durch medizinische Kriterien festgestellt. Auch ethisch-moralische Werte und Überzeugungen sind zu beachten. Da die Medizin sowie die Rechtswissenschaft dynamisch geprägt sind, können ethisch-moralische Wertungen vor allem dann relevant sein, wenn es zu einer derartigen Änderung des medizinischen Todesbegriffes kommt, dass er unter lebensrechtlichen Gesichtspunkten nicht mehr tragbar erscheint. Dies könnte dazu führen, dass dieser mit einer Definition in der Medizin in Widerspruch steht. Das ist zum jetzigen Zeitpunkt jedoch nicht der Fall.[185]

d) Einschränkungsmöglichkeiten

Das Recht auf Leben ist ein notstandsfestes Recht. Es kann daher auch durch die in Art 15 (1) EMRK genannten Fälle *„eines Krieges oder eines anderen öffentlichen Notstandes, der das Leben der Nation bedroht"*, nicht außer Kraft gesetzt werden.[186] Die Coronapandemie wird durchaus als öffentlicher Gesundheitsnotstand betrachtet[187] und somit schlussfolgernd auch dessen medizinische Triage. Das Recht auf Leben darf in einem solchen Fall unter keinen Umständen außer Kraft gesetzt werden und ergriffene Maßnahmen dürfen das unbedingt erforderliche Maß nicht überschreiten.[188]

e) Schutzpflichten

Art 2 (1) EMRK normiert eine Schutzpflicht des Staates, das Leben des Einzelnen vor Angriffen Dritter oder uU auch gegen sich selbst zu schützen. Daraus ergibt sich einerseits eine lebensrechtliche Schutzpflicht und andererseits ein an den Staat gerichtetes Eingriffsverbot. Ebenso kann das Recht auf Leben durch Unterlassung

---

185 *Kneihs*, JBl 1999, 76.

186 Art 15 (2) EMRK; *Grabenwarter/Frank*, B-VG (2020) Art 2 EMRK Rz 2; *Grabenwarter/Krauskopf* in *Resch/Wallner* Kap. I. Rz 45.

187 *BMSGPK*, Schriftliche Information gemäß § 6 EU-InfoG zu Top 1 der Tagesordnung des EU-Ausschusses des Bundesrates (Stand 15.7.2020) <https://www.parlament.gv.at/PAKT/VHG/BR/SINF-BR/SINF-BR_00347/index.shtml> (abgefragt 4.10.2021).

188 Art 15 (1) EMRK.

verletzt werden. Geschützt wird der Einzelne des Weiteren sowohl vor absichtlicher als auch unabsichtlicher Tötungen durch den Staat.[189]

Allerdings ist das Recht auf Leben nur bei gewichtigen, lebensbedrohlichen Sachverhalten betroffen. Die Schutzpflicht des Staates besteht aber trotzdem nicht erst dann, wenn der Einzelne vor einer tatsächlich bevorstehenden Tötung steht. Den Staat trifft eine Verpflichtung zum Schutz bereits bei gegebener Gefahr und unabhängig von der Intensität des drohenden Eingriffs.[190]

Primär trifft den Gesetzgeber eine *lebensrechtliche* Schutzpflicht. Er muss einerseits hoheitliche Beziehungen so gestalten, dass sich staatliche Behörden „lebensfreundlich“ verhalten. Andererseits muss er aber auch bei besonders eingriffsnahen Situationen, im Verhältnis zwischen dem privatwirtschaftlich tätigen Staat und dem Normunterworfenen, den grundrechtlich geforderten Schutz verwirklichen. Im Verhältnis zwischen zwei oder mehreren Privaten untereinander trifft ihn die Verpflichtung, die Verhältnisse so zu regeln, dass Bedrohungen so gut wie möglich unterbleiben.[191]

Zur Umsetzung des gebotenen Schutzniveaus steht es dem Staat weitgehend frei, die geeigneten Mittel zu wählen. Eingeschränkt wird er nur dadurch, dass in Bezug auf einzelne Fragen des Lebensschutzes ein europäischer Schutzstandard als Mindeststandard gewährleistet sein muss. Er darf diese Grenze nicht unterschreiten. Welche Bedrohungssituationen genau auf das Recht auf Leben eine solche Schutzpflicht auslösen, lässt sich nicht pauschal sagen. Allerdings fallen beispielsweise bloße Bedrohungen der körperlichen Integrität oder der Gesundheit, die keine Lebensgefährdung darstellen, nicht darunter.[192]

Auch kommt es nicht auf die Absichtlichkeit der Bedrohung an. Es werden sowohl unbeabsichtigte als auch potenzielle Lebensgefährdungen darunter subsumiert, insofern eine akute oder unmittelbare ernsthafte Bedrohung des Lebens begründet wird. Dabei genügt es, dass von einer Gefahr spezifische Situationen ausgehen, deren

---

[189] *Berka*, Verfassungsrecht[8] Rz 1337; *Grabenwarter/Frank*, B-VG Art 2 EMRK Rz 5; *Kneihs*, JBl 1999, 76.
[190] *Berka*, Verfassungsrecht[8] Rz 1337; *Kneihs*, JBl 1999, 76.
[191] *Kneihs*, JBl 1999, 76.
[192] *Kneihs*, JBl 1999, 76.

Verwirklichung wahrscheinlich sind. Es muss dabei nicht immer den Tod eines Menschen zur Folge haben.[193]

Ableiten lässt sich dieser Schluss auch aus der Entscheidung des OGH *3Ob 562/84*. Laut Sachverhalt ging es darum, dass bei einem Narkoseunfall, bei dem die unter einem Prozent gelegene Wahrscheinlichkeit bestand, irreversible Gehirnschädigungen hervorzurufen, auch die Information über ein solches typisches Operationsrisiko aufklärungsbedürftig sei. Die Vernachlässigung dessen bildet die Grundlage eines beachtlichen Einwilligungsmangels. Stellt man darauf ab, dass die Einwilligungsbedürftigkeit ihre Wurzel im Recht auf Leben hat, wird klar, dass auch schon eine geringe Wahrscheinlichkeit, dass ein solcher Schaden eintritt, eine lebensrechtliche Schutzpflicht auslösen kann.[194]

Zusätzlich gibt es im Bereich des staatlichen Gesundheitswesens weitere ableitbare positive Schutzpflichten aus Art 2 EMRK. Die Konventionsstaaten sind angehalten Regelungen zu erlassen, die Krankenhäuser – gleich ob öffentlicher oder privater Natur – verpflichten, in geeigneter Weise vorzusorgen und den Schutz der Patienten innerhalb der Anstalten zu gewährleisten. Einerseits sollen Erkrankte weiterhin adäquat medizinisch versorgt werden und zugleich sollen sie aber auch vor weiteren Ansteckungen geschützt werden. Andererseits soll iZm Epidemien und dem Auftreten lebensbedrohlicher Krankheiten auf die Eindämmung der Seuche abgestellt werden. Daraus lässt sich ableiten, dass der Staat eine Verpflichtung hat, eine medizinische Basisinfrastruktur bereitzustellen. Einrichtungen sollen sich auf Notkrankenanstalten beschränken und nur die notwendige Ausstattung bereitstellen, die zur Abwehr lebensbedrohlicher Gefahren notwendig ist. Der Staat muss dabei aber nicht so weit gehen, dass er ein Recht auf Behandlung eines jeden Einzelnen gewährleistet. Dies wird auch aus ressourcentechnischen Gründen gerade im Falle einer medizinischen Triage gar nicht möglich sein.[195]

---

[193] *Kneihs*, JBl 1999, 76.
[194] OGH 3Ob 562/84; *Kneihs*, JBl 1999, 76.
[195] *Hiersche ea*, HB EpiR 34 f.

f) Schranken

Art 2 EMRK ist eines der wenigen Grundrechte, die unter einem sehr eng auszulegenden Schrankvorbehalt stehen. Schranken bzw Ausnahmen ergeben sich nur aus Art 2 (1) Satz 2 EMRK und Art 2 (2) EMRK.[196]

Art 2 (1) Satz 2 EMRK erlaubt den Fall der Tötung einer Person für den Fall eines Verbrechens, das durch Gesetz mit Todesstrafe bedroht ist. Aufgrund der Anwendung des 6. ZPMRK und später des 13. ZPMRK, in der die Todesstrafe abgeschafft wurden[197], ist diese Ausnahme allerdings in Österreich nicht mehr anwendbar.[198]

Art 2(2) EMRK behandelt den Fall der gerechtfertigten absichtlichen Tötung zur Rettung eines anderen Menschen im Rahmen einer unbedingt notwendigen Gewaltanwendung, zur ordnungsgemäßen Festnahme und im Rahmen eines Aufruhrs oder Aufstandes.[199] Dieser Rechtfertigungsgrund könnte uU im Falle einer medizinischen Triage von Relevanz sein. Es wird jedoch eher die Ausnahme darstellen. Hauptschauplatz einer medizinischen Triage sind Krankenhäuser. Covid-Patienten werden in Krankenhäusern nur dann aufgenommen, wenn sie mehr als leichte Symptome aufweisen. In den meisten Fällen müssen die Betroffenen beatmet werden. Dies erfolgt entweder assistiert oder kontrolliert. Assistiert wird ein Betroffener beatmet, wenn er noch in der Lage ist, selbst zu atmen, aber das nötige Lungenvolumen nicht mehr selbstständig erreichen kann. Bei der kontrollierten Beatmung werden betroffene Patienten narkotisiert, um ihnen einen Schlauch in die Luftröhre zu legen und zu fixieren. Die gesamte Atmungsarbeit übernimmt dann ein Gerät, das den Patienten kontrolliert beatmet. Sie werden demnach in beiden Fällen eher nicht mehr im Stande sein, für Gewaltanwendungen oder Aufruhre, egal ob aktiv oder passiv, zu sorgen.[200]

Eine einschlägige Schranke für eine Triage-Konstellation bietet Art 2(2) EMRK somit grundsätzlich nicht. Andere Rechtfertigungsgründe oder immanente Schranken für Eingriffe außerhalb des Art 2 (2) EMRK, kommen nicht in Betracht.[201] Aus

---

196 *Hengstschläger/Leeb*, Grundrechte[3] Rz 2/5.
197 Siehe Art 1 6.ZPMRK und Art 1 13.ZPMRK.
198 *Grabenwarter/Frank*, B-VG Art 2 EMRK Rz 7.
199 *Hengstschläger/Leeb*, Grundrechte[3] Rz 2/5.
200 *Müller*, So funktioniert die Beatmung eines Covid-19-Patienten (Stand 17.4.2020) <https://www.spiegel.de/wissenschaft/medizin/corona-so-funktioniert-die-beatmung-eines-covid-19-patienten-a-0d5595f4-bbe9-4c08-b97c-72bd72437eab> (abgefragt 11.10.2021).
201 *Grabenwarter/Krauskopf* in *Resch/Wallner* Kap. I. Rz 45.

lebensrechtlicher Sicht muss trotzdem immer ein gewisses Restrisiko hingenommen werden.[202]

4. Folterverbot und Verbot unmenschlicher oder erniedrigender Strafe oder Behandlung (Art 3 EMRK)

Art 3 EMRK garantiert jedem Menschen ein Recht darauf, nicht gefoltert zu werden oder einer unmenschlichen oder erniedrigenden Strafe oder Behandlung unterworfen zu werden.[203]

Im Kontext zur medizinischen Triage spielen das Folterverbot und eine unmenschliche oder erniedrigenden Bestrafung nur eine untergeordnete Rolle. Vielmehr liegt das Augenmerk darauf, dass trotz extremer Umstände eine menschenwürdige Behandlung weiterhin sichergestellt werden soll. Im Folgenden wird deshalb nur auf den Tatbestand der unmenschlichen oder erniedrigenden Behandlung und dem gesetzlich nicht niedergeschriebenen Grundsatz der Menschenwürde eingegangen.

a) Schutzbereich

aa) Verbot unmenschlicher oder erniedrigender Behandlung

Unter „erniedrigender“ Behandlung versteht sich eine die Menschenwürde beeinträchtigende gröbliche Missachtung des Betroffenen als Person. Eine erniedrigende Behandlung kann beim Opfer Angst, Qualen oder Minderwertigkeitsgefühle verursachen und ist eine Form der Demütigung.[204]

„Unmenschlich“ ist eine Behandlung, wenn sie absichtlich schweres psychisches oder physisches Leiden verursacht.[205]

Geschützt wird somit die physische und psychische Integrität eines Menschen.[206]

Zu beachten ist, dass nicht jeder Eingriff in die Integrität eines Menschen gleich als unmenschlich oder erniedrigend anzusehen ist. Dies hängt vielmehr von den Umständen des Einzelfalls ab und kann nicht per se pauschal beantwortet werden.[207]

---

[202] *Kneihs*, JBl 1999, 76 ff.
[203] *Hengstschläger/Leeb*, Grundrechte^3 Rz 3/1.
[204] *Hengstschläger/Leeb*, Grundrechte^3 Rz 3/2; Siehe zB VfSlg 9836/1983; 11.327/1987.
[205] *Hengstschläger/Leeb*, Grundrechte^3 Rz 3/2.
[206] *Grabenwarter/Frank*, B-VG Art 3 EMRK Rz 2; *Hiersche ea*, HB EpiR 35.
[207] *Hiersche ea*, HB EpiR 36.

Laut Rsp des EGMR ist eine Behandlung immer dann erniedrigend, wenn der Betroffene in seiner Würde verletzt wird. Dies kann schon bei einer zwangsweisen oder lang andauernden Behandlung der Fall sein.[208]

ab) Menschenwürde

Aus Art 3 EMRK kommt in der österreichischen Verfassung ua der Schutz der Menschenwürde zum Ausdruck. Die Menschenwürde als solches ist im Grundrechtskatalog explizit als niedergeschriebenes Grundrecht nicht verankert.[209] Vielmehr kam der VfGH in *VfSlg 13.635/1993*[210] zum Ergebnis, dass die Menschenwürde als allgemeiner Wertungsgrundsatz der österreichischen Rechtsordnung zu betrachten ist. Der Mensch soll umfassend davor bewahrt werden, als Mittel zum Zweck eines anderen oder zum bloßen Objekt degradiert zu werden. Eine Person ist stets als solche, mit autonomen Willen zu behandeln.[211] Letztlich ist es so, dass die gemeinsame Mitte aller Grundrechte den Schutz der menschlichen Würde bildet und somit die Menschenwürde umfassenden grundrechtlichen Schutz genießt.[212]

Explizit erwähnt wird die Menschenwürde in Art 1 GRC. Sie erklärt die Würde des Menschen ausdrücklich als unantastbar und verpflichtet zur Achtung und Schutz dessen.[213] Art 3 GRC spielt va auch iZm dem Gesundheitswesen eine große Rolle. Es enthält wichtige Bestimmungen für den Bereich der Medizin und Biologie.[214] So ist es zB nach Art 3 (2) GRC wichtig, vor einer medizinischen Behandlung, die Einwilligung des Patienten unter vorheriger Aufklärung einzuholen und zu respektieren.[215] Die GRC ist allerdings grundsätzlich nur dann unmittelbar anwendbar und zu beachten, wenn der vorliegende Rechtsbereich einen Zusammenhang mit dem Unionsrecht aufweist.[216] Art 1 GRC ist in Österreich aber ein den verfassungsrechtlich

[208] EGMR 24.7. 2001, 44.558/98, *Valasinas gegen LTU*; EGMR 11.12.2003, 39094/97, *Yankov gegen BUL*; Vgl auch VfSlg 8654/1979, 10.546/1985, 11.087/1986, 13.837/1994, 16.384/2001; Siehe dazu auch *Grabenwarter/Krauskopf* in *Resch/Wallner*, Kap I Rz 48.

[209] *Öhlinger/Eberhard*, Verfassungsrecht[12] Rz 748.

[210] Betreffend der Verwertung von Ergebnissen bzgl. Versuchen am Menschen.

[211] *Mayer*, Von der Würde des Menschen zur Würde der Menschheit?, RdM 2014/177, 279.

[212] *Berka*, Verfassungsrecht[8] Rz 1347.

[213] *Hengstschläger/Leeb*, Grundrechte[3] Rz 3/1.

[214] *Mayer*, RdM 2014/177, 279.

[215] Art 3 (2) GRC.

[216] *Hiersche ea*, HB EpiR 36.

gewährleisteten Rechten gleichgestelltes Recht und kann deshalb als solches direkt vor dem VfGH geltend gemacht werden.[217]

b) Einschränkungsmöglichkeiten

Art 3 EMRK ist ein absolutes Verbot. Das bedeutet, jegliche Art der staatlichen Einschränkung ist verfassungswidrig.[218] Eingriffe sind unter keinen Umständen erlaubt. Auch nicht, um das Leben einer anderen Person zu retten.[219] Dieses Grundrecht gilt ohne Vorbehalte und kann auch nicht gem. Art 15 EMRK außer Kraft gesetzt werden[220].[221]

Der Staat hat somit die Aufgabe den Einzelnen vor Eingriffen der staatlichen Organe zu schützen. Aber nicht nur gegenüber Eingriffen des Staates ist der Einzelne schutzwürdig, sondern auch gegenüber Dritten. Bietet der Staat im Verhältnis zu Dritten nicht ausreichend Schutz an, kann dies eine staatliche Verantwortung begründen.[222]

Bei der Beurteilung, ob ein Akt gegen Art 3 EMRK verstößt, ist stets sowohl eine Verhältnismäßigkeitsprüfung vorzunehmen als auch die Menschenwürde zu berücksichtigen.[223]

Um beispielhaft näher zu bringen, was darunter genau zu verstehen ist: eine Verletzung des Art 3 EMRK liegt vor, wenn eine Person gefesselt wird und dies nicht erforderlich ist.[224] Weiters das Ziehen an den Haaren oder das Versetzen von Fußtritten[225] (außer in besonders gelagerten Fällen[226]), die Verweigerung oder Verzögerung einer ärztlichen Betreuung während einer Haft[227] oder eine Zwangsinjektion von Beruhigungsmitteln[228].[229]

---

217 *Hiersche ea*, HB EpiR 48.
218 *Grabenwarter/Frank*, B-VG Art 3 EMRK Rz 5.
219 *Hengstschläger/Leeb*, Grundrechte[3] Rz 3/1.
220 Nähere Ausführungen zu Art 15 EMRK siehe bereits in Kap. VII.3.d).
221 *Muzak*, B-VG[6] Art 3 EMRK Rz 1 f.
222 *Berka*, Verfassungsrecht[8] Rz 1349; Siehe auch EGMR, 10.10.2002, 38.719/97, *DP und JC gegen das Vereinigte Königreich* oder EGMR 23.9.1998, 100/1997/884/1096, ÖJZ 1999/21.
223 *Berka*, Verfassungsrecht[8] Rz 1353; *Öhlinger/Eberhard*, Verfassungsrecht[12] Rz 752.
224 VfSlg 9231/1981, 13.044/1992, 16.384/2001.
225 VfSlg 11.230/1987, 11.687/1988.
226 VfSlg 11.081/1986.
227 VfSlg 11.687/1988.
228 VfSlg 10.051/1984.
229 Weitere Bsp siehe *Muzak*, B-VG[6] Art 3 MRK Rz 14.

Am meisten diskutiert wird die Menschenwürde iVm Art 3 EMRK va bei Ausweisungen oder Abschiebungen und bei Angelegenheiten mit Häftlingen. Zur Abschiebung iVm einer erforderlichen medizinischen Behandlung gilt, dass selbst wenn im Zielstaat eine medizinische Behandlung aufgrund einer schweren Krankheit nicht möglich oder nicht unter denselben Bedingungen möglich ist, unter außergewöhnlichen Umständen eine Aufenthaltsbeendigung auch unter Art 3 EMRK gerechtfertigt werden kann.[230] Ausschlaggebend dabei ist nur, dass es im Zielstaat grundsätzlich Behandlungsmöglichkeiten gibt.[231]

Medizinische Zwangsbehandlungen sind dann nicht unmenschlich oder erniedrigend, wenn sie eine Maßnahme darstellen, die therapeutisch notwendig ist. Ob eine solche Notwendigkeit vorliegt, wird immer anhand des anerkannten Standes der medizinischen Wissenschaft beurteilt. Dabei ist immer von der Notwendigkeit für den Betroffenen, nicht für Dritte, auszugehen. Zwangsweise fremdnützige Eingriffe sind unzulässig.[232] Der EGMR entschied zB im Fall *V.C. gegen Slowakei*, dass eine Verletzung des Art 3 EMRK vorliegt, wenn ein medizinisch nicht notwendiger Eingriff, in diesem Fall eine vorgenommene Sterilisation während eines Kaiserschnitts, ohne Zustimmung der betroffenen Person durchgeführt wird.[233]

Verletzt werden kann Art 3 EMRK des Weiteren durch das Außerachtlassen gelinderer Mittel. Der VfGH sah zB die zwangsweise Injektion mit zwei Beruhigungsspritzen durch einen Arzt als Verletzung der Menschenwürde an, da der Betroffene von vier Polizisten festgehalten wurde und die Einlieferung in ein Krankenhaus ein gelinderes Mittel darstellen würde und ihnen auch offenstand.[234] Bei der Verhältnismäßigkeitsprüfung in solchen Fällen muss beachtet werden, dass ein Eingriff immer unter möglichster Schonung der Person vorgenommen werden soll. Weitere Kriterien, die bei der Beurteilung der Notwendigkeit eines Eingriffs eine Rolle spielen sind die Intensität des Eingriffs, der Gesundheitszustand des Patienten, das Alter und uU das Geschlecht.[235]

---

[230] *Hengstschläger/Leeb*, Grundrechte[3] Rz 3/4; Vgl. zB auch zB EGMR 15. 5. 2012, 16567/10, *Nacic ua gegen Schweden.*
[231] *Hiersche ea*, HB EpiR 49.
[232] *Hiersche ea*, HB EpiR 49 f.
[233] Vgl EGMR, 18.11.2011, 18968/07, *V.C. gegen Slowakei.*
[234] VfSlg 10.051/1984.
[235] *Hiersche ea*, HB EpiR 49 f.

c) Schutzpflichten

Den Staat können aus Art 3 EMRK positive Schutzpflichten treffen. Im Bereich des Gesundheitswesens ist der Staat verpflichtet, die Gesundheit von Personen zu schützen, denen die Freiheit entzogen wurde. Dies bedeutet, dass auch ein Mangel an angemessener ärztlicher Behandlung Art 3 EMRK verletzen kann.[236] Dieser Herausforderung muss sich der Staat va im Falle einer medizinischen Triage stellen, wenn Personalressourcen knapp werden.

Auch muss der Staat vor Misshandlungen von dritter Seite, insbesondere von Privatpersonen, schützen. Dazu kann er wiederum zB geeignete Vorschriften im Strafrecht erlassen.[237]

In Bezug auf eine Krankheit wie Covid-19 trifft den Staat jedoch eine Schutzpflicht nur dann, wenn diese durch staatliche Maßnahmen oder staatliches Verhalten verstärkt wurde. Gleiches gilt für den Fall der Unterlassung der gebotenen Hilfeleistung durch den Staat. Leistet er im Fall einer Epidemie nicht die gebotene Hilfe in einer nicht von ihm geschaffenen Leidenssituation, trifft ihn eine Schutzpflicht der psychischen und physischen Integrität.[238]

Weitere Schutzpflichten der Staaten vor Eingriffen Dritter in das Gesundheitssystem und das Recht auf Zugang zu Gesundheitsleistungen (Art 35 GRC)[239], sind nach Maßgabe der einzelstaatlichen Rechtsvorschriften und Gepflogenheiten abzuleiten.[240]

d) Exkurs: Recht auf körperliche und geistige Unversehrtheit nach Art 3 GRC

Gewisse Ähnlichkeiten zu Art 3 EMRK weist Art 3 GRC auf. In Art 3 (1) GRC heißt es *„Jede Person hat das Recht auf körperliche und geistige Unversehrtheit.“*

Art 3 GRC bietet somit Schutz über Art 3 EMRK hinaus.[241] Art 3 EMRK und Art 4 GRC entsprechen einander vollinhaltlich.[242] Art 4 GRC geht jedoch als *lex specialis* Art 4 GRC vor.[243]

---

[236] *Hengstschläger/Leeb*, Grundrechte³ Rz 3/5.
[237] *Hengstschläger/Leeb*, Grundrechte³ Rz 3/5.
[238] *Hiersche ea*, HB EpiR 36.
[239] Siehe näheres dazu in Kap. VII.2.
[240] *Hiersche ea*, HB EpiR 37.
[241] *Grabenwarter/Frank*, B-VG Art 3 EMRK Rz 1.
[242] *Muzak*, B-VG⁶ Art 3 EMRK Rz 16; Weiterführend dazu siehe *Lukan* in *Holoubek/Lienbacher*, GRC-Kommentar² (2019) Art 4.
[243] *Holoubek/Lienbacher*, GRC-Kommentar² Art 3 Rz 12.

Ein Eingriff in Art 3 GRC liegt dann vor, wenn Einwirkungen auf die Substanz des Körpers einer Person vorgenommen werden oder Beeinträchtigungen der physischen oder psychischen Gesundheit stattfinden. Dies wiederum weist eine gewisse Identität mit Art 8 EMRK auf.[244]

Das Recht auf Unversehrtheit ist, anders als andere Rechte der GRC, ein subjektives Recht des Einzelnen. Der VfGH geht seit seiner Leitsatzentscheidung *VfSlg 19.362/2012* davon aus, dass Rechte der GRC unter gewissen Voraussetzungen den verfassungsgesetzlich gewährleisteten Rechten gleichgestellt sind. Voraussetzung dabei ist, dass die Formulierung der jeweiligen Bestimmung, der Bestimmtheit eines verfassungsgesetzlich gewährleisteten Rechts gleichen muss und, dass die einschlägige nationale Regelung während der Durchführung von Unionsrecht ergangen sein muss. Diese Rechte gelten dann als Garantien der GRC und können direkt vor dem VfGH geltend gemacht werden. Art 3(1) GRC gilt als ein solches subjektives Recht. Art 3(2) GRC ist hingegen nur als Grundsatz zu betrachten.[245] In Art 3 (2) GRC geht es, wie bereits in Kap. VII.4.ab) näher ausgeführt, um die freie Einwilligung einer Person, etc. für die Bereiche Medizin und Biologie.

5. Recht auf persönliche Freiheit (BVG über den Schutz der persönlichen Freiheit, Art 5 EMRK)

Ein „altbewährtes" Mittel zur Bekämpfung und Eindämmung übertragbarer Krankheiten ist die Absonderung Kranker.[246] Gerade in Fällen, in denen einer Person aufgrund von Covid-19 die persönliche Freiheit entzogen wird oder sie angehalten wird, sich an einem bestimmten Ort aufzuhalten, ist es wichtig, die Grenzen und Zulässigkeit der hier stattfindenden Freiheitsbeschränkung zu kennen.

Erste Anhaltspunkte für einen Schutz auf persönliche Freiheit wurden bereits im RGBl 1862/87 gefunden. Es ging va um den Schutz vor willkürlichen Verhaftungen. Diese Rechtslage galt bis 1991 unverändert. Nach Hinzutreten des Art 5 EMRK wurde am 29.11.1988 ein eigenes BVG über den Schutz der persönlichen Freiheit[247] erlassen,

---

[244] *Grabenwarter/Krauskopf* in *Resch/Wallner,* Kap I. Rz 72.
[245] *Grabenwarter/Krauskopf* in *Resch/Wallner,* Kap I. Rz 69, 72.
[246] *Hiersche ea*, HB EpiR 43.
[247] Im Folgenden als PersFrG bezeichnet.

um Widersprüche mit eben diesem Art 5 EMRK zu bereinigen. Das PersFrG trat mit 1.1.1991 in Kraft.[248]

Als eine Art *lex generalis* bildet Art 5 EMRK die Grundlage für das später in Kraft getretene PersFrG. Der Gesetzgeber konnte allerdings, nicht ausschließen, dass Art 5 EMRK nicht durch den EGMR weiterentwickelt wird. Da das PersFrG über das Schutzniveau des Art 5 EMRK hinausgeht, ist heute vorrangig das PersFrG anzuwenden. Gibt es jedoch Regelungen, die für den Betroffenen günstiger erscheinen, geht in solchen Fällen gem. Art 53 EMRK nach dem Günstigkeitsprinzip trotzdem Art 5 EMRK dem PersFrG vor. Auch ordnet Art 8 (3) des PersFrG an, dass die EMRK unberührt bleibt.[249]

a) Schutzbereich

In Art 1 (1) PersFrG heißt es *„Jedermann hat das Recht auf Freiheit und Sicherheit"*.

Schutzgut dieses Grundrechts ist die persönliche Freiheit. Darunter ist allerdings kein allgemeines Freiheitsrecht zu verstehen, sondern gemeint ist nur die körperliche Bewegungsfreiheit eines Menschen.[250] Das Recht auf persönliche Freiheit kommt seinem Wesen nach somit nur natürlichen Personen zu.[251]

b) Einschränkungsmöglichkeiten

In das Recht auf persönliche Freiheit wird eingegriffen, wenn eine Amtshandlung stattfindet, die sich primär nach dem Willen der Behörde auf den Entzug der körperlichen Bewegungsfreiheit richtet. Es richtet sich gegen den Entzug der Freiheit durch willkürliche Festnahmen oder Anhaltungen.[252] Es schützt aber nicht vor jeglicher Beschränkung der Freiheit schlechthin, sondern nur vor persönlichen Ortsveränderungen durch staatlichen Zwang, der Androhung, dass bestimmte, nach allen Seiten hin begrenzte Örtlichkeiten oder Gebiete nicht verlassen werden dürfen oder dass eine persönliche Ortsveränderung überhaupt verhindert wird.[253]

---

[248] *Berka*, Verfassungsrecht[8] Rz 1356; *Hengstschläger/Leeb*, Grundrechte[3] Rz 5/1.
[249] *Muzak*, B-VG[6] Art 1 PersFrG Rz 1; *Öhlinger/Eberhard*, Verfassungsrecht[12] Rz 834.
[250] VfSlg 10.627, 11.594.
[251] *Muzak*, B-VG[6] Art 1 PersFrG Rz 2.
[252] VfSlg 15.465/1999.
[253] *Berka*, Verfassungsrecht[8] Rz 1358; *Hengstschläger/Leeb*, Grundrechte[3] Rz 5/2f.

Bei der Durchführung einer freiheitsentziehenden Maßnahme gilt zuletzt gem. Art 1 (4) PersFrG, dass die Menschenwürde immer beachtet werden muss und eine Maßnahme nur unter möglichster Schonung einer Person durchgeführt werden darf.

c) Schranken

Eingriffe in das Recht auf persönliche Freiheit sind gem. Art 1 (2 und 3) PersFrG explizit nur in gesetzlicher vorgeschriebener Weise erlaubt. Das Grundrecht steht unter einem detaillierten Gesetzesvorbehalt. Daraus resultiert ein besonderes Determinierungsgebot für den einfachen Gesetzgeber. Ein Entzug der persönlichen Freiheit darf darüber hinaus gesetzlich nur vorgesehen werden, wenn es dem Verhältnismäßigkeitsgrundsatz entspricht. Es muss nach dem Zweck der jeweiligen Maßnahme unbedingt notwendig sein und darf nicht außer Verhältnis zur Maßnahme stehen. Ein Entzug der persönlichen Freiheit darf somit nur als „ultima ratio" angeordnet werden.[254]

Die konkreten Eingriffsziele werden in Art 2 PersFrG taxativ aufgezählt. Im Kontext zur medizinischen Triage relevant ist idS Art 2 (1) Z 5 PersFrG.[255] Hierbei geht es um die Zulässigkeit des Freiheitsentzugs wegen einer gefährlichen Krankheit. Gesundheitliche Gründe können in zwei Fällen die Beschränkung oder den Entzug der persönlichen Freiheit rechtfertigen. Entweder wenn Grund zur Annahme besteht, dass der Betroffene eine Gefahrenquelle schafft, die für die Ausbreitung der ansteckenden Krankheit sorgt oder wenn der Betroffene wegen einer psychischen Erkrankung sich selbst oder andere gefährdet.[256]

Zur Verhinderung der Ansteckungsgefahr sind entsprechende Regelungen im Sanitätsrecht heranzuziehen. Im Fall von Covid-19 ist einschlägige Rechtsquelle §7 EpiG.[257] Die Anwendung des EpiG knüpft an das Vorliegen einer „anzeigepflichtigen Krankheit" an. §1(1) EpiG enthält eine taxative Aufzählung anzeigepflichtiger Krankheiten, worunter auch Covid-19 in Z1, genauer angeführt als *„MERS-CoV (Middle East Respiratory Syndrome Coronavirus/„neues Corona-Virus")"*, zählt.[258]

[254] *Grabenwarter/Frank,* B-VG Art 1 PersFrBVG Rz 6 f, 9.
[255] Vgl auch Art 5 (1) lit e EMRK.
[256] Art 2 (1) Z 5 PersFrG.
[257] *Berka,* Verfassungsrecht[8] Rz 1368.
[258] *Hiersche ea,* HB EpiR 84; §1(1) Z1 EpiG.

ca.) Anhaltung oder Absonderung nach §7 EpiG iVm §1 PersFrG bzw Art 5 EMRK

Gem. § 7(1a und 2) EpiG ist es erlaubt, eine Person, die an Covid-19 erkrankt ist, in Verdacht steht, erkrankt zu sein oder ansteckungsverdächtig ist, abzusondern oder im Verkehr zur Außenwelt zu beschränken. Kann die Absonderung in der Wohnung nicht erfolgen, ist die Unterbringung in einer Krankenanstalt oder anderen geeigneten Räumen zu veranlassen. Dies darf nur erfolgen, wenn eine ernstliche und erhebliche Gefahr für die Gesundheit anderer Personen besteht und kein gelinderes Mittel als geeignete Maßnahme greift. All dies hat va auch ohne Gefährdung des betroffenen Erkrankten zu erfolgen und nur für die Dauer der Ansteckungsgefahr.[259] Des Weiteren sind in diesem Zusammenhang dazu geeignete Räume, Transportmittel, etc. zur Verfügung zu stellen und mit den nötigen Ressourcen auszustatten. Falls möglich sind Barackenspitäler einzurichten.[260]

Barackenspitäler sind gem. §2 (2) lit g KAKuG *„medizinische Versorgungseinrichtungen für an Covid-19-Erkrankte und Krankheitsverdächtige für die Dauer der Pandemie“.* Diese gelten nicht als Krankenanstalten. Barackenspitäler werden nur sehr notdürftig und schnell errichtet. Es sollen nur Erkrankte aufgenommen werden, die nicht als anstaltsbedürftig iSd Krankenanstaltenrechts gelten. Der Zweck solcher Spitäler ist primär nur die Absonderung der Kranken.[261]

In jedem Fall muss die Anhaltung aufgrund einer ansteckenden Krankheit unbedingt notwendig sein, um eine Gefahr für die öffentliche Ordnung und Sicherheit abzuwenden. Erfolgt die Anhaltung oder Absonderung auf unbestimmte Dauer, muss ihre Notwendigkeit in regelmäßigen Zeitabständen kontrolliert werden.[262]

Zu beachten ist, dass wenn zur Anhaltung in Isolation zusätzliche Umstände hinzutreten, wie zB der Ausschluss von Kontaktmöglichkeiten zur Außenwelt oder die Anhaltung über eine unangemessen lange Dauer, dies eine unmenschliche und erniedrigende Behandlung begründet, das wiederum einen Eingriff des Art 3 EMRK auslöst.[263]

---

[259] § 7(1a + 2) EpiG; *Keisler/Hummelbrunner* in *Resch, Das* Corona-Handbuch[1.06] Kap 1 Rz 24 (Stand 1.7.2021, rdb.at).
[260] §7 (3) EpiG.
[261] *Resch* in *Resch*, Kap 18 Rz 51 ff.
[262] *Hiersche ea*, HB EpiR 45 f.
[263] *Hiersche ea*, HB EpiR 50.

cb.) Medikamentöse Freiheitsbeschränkung

Freiheitsbeschränkungen durch Arzneimittel sind im Kontext zur medizinischen Triage kein außer Acht zu lassendes Thema. Man stelle sich den Fall vor, eine an Covid erkrankte Person liegt im Krankenhaus, wird abgesondert, will dort nicht bleiben und wird aus diesem Grund mit Medikamenten ruhiggestellt.

Eine Freiheitsbeschränkung durch Arzneimittel ist immer eine medizinische Behandlung. Laut mehreren Entscheidungen des OGH[264], benötigt jede Medikationsverordnung eine therapeutische Indikation. Dies bedeutet, dass in erster Linie die Zulässigkeitsvoraussetzungen einer Heilbehandlung vorliegen müssen.[265]

Freiheitsbeschränkungen durch Medikamente liegen vor, wenn die Behandlung primär den Zweck der Unterbindung des Bewegungsdrangs, von Unruhezuständen und der Beruhigung bzw einer „Ruhigstellung" (gegen Aggressionen, Unruhe, Enthemmung, etc.) der Person vorfolgt.[266] Keine Freiheitsbeschränkung liegt hingegen vor, wenn medikamentöse Mittel nur als unvermeidliche Nebenwirkung bewegungsdämpfend auf den Körper einer Person wirken, die sich ebenfalls bei der Behandlung der Grunderkrankung ergeben können, wenn anderen therapeutische Ziele verfolgt werden würden.[267] Unvermeidlich ist eine Nebenwirkung nur dann, wenn der Einsatz des konkreten Medikaments das einzige Mittel zur Behandlung darstellt und es keine schonenderen Alternativen gibt.[268]

Des Weiteren sind medikamentöse Freiheitsbeschränkungen zulässig, wenn eine Selbst- oder Fremdgefährdung vorliegt und dies nicht durch andere Maßnahmen als der Verabreichung des bewegungsdämpfenden Medikaments, abgewandt werden kann. Die Freiheitsbeschränkung muss dabei das gelindeste Mittel darstellen und darf nur als „ultima ratio" angewandt werden. Häufig kommt es in Alten- und Pflegeheimen zu solchen Szenarien. Als Rechtsgrundlage zieht der OGH hier die Subsidiaritätsklausel des §4 Z 3 HeimAufG heran.[269]

---

264 ZB OGH 19.3.2014, 7 Ob 32/14b oder OGH 16.9.2020, 7 Ob 122/20x.
265 *Jaquemar*, Replik zu A. Joklik/T. Windisch, Medikamentöse Freiheitsbeschränkung (RdM 2021/179), RdM 2021/33, 211 f.
266 *Joklik/Windisch*, medikamentöse Freiheitsbeschränkung, RdM 2021/179, 03ff; siehe auch OGH 24.4.2019, 7 Ob 67/19g oder OGH 29.5.2008, 2 Ob 77/08z.
267 *Joklik/Windisch*, RdM 2021/179, 03 ff.
268 *Jaquemar*, RdM 2021/33, 211 f.
269 *Jaquemar*, RdM 2021/33, 211 f.

Folgende drei Fragen müssen zusammengefasst zur rechtlichen Beurteilung gestellt werden:

- Welchen therapeutischen Zweck verfolgt die Gabe des Medikaments?
- Wird das Medikament seinem Zweck entsprechend eingesetzt? (Dosierung, Kombination, etc.)
- Welche Auswirkungen sind mit der Gabe des Medikaments auf den Einzelnen verbunden?[270]

Gem. Art 5 EMRK iVm dem PerFrG muss ein solcher Eingriff immer ein legitimes Ziel verfolgen. Gerechtfertigt ist deshalb nur die Abwehr einer mit hoher Wahrscheinlichkeit eintretenden erheblichen Lebens- oder Gesundheitsgefährdung. Dies kann nur aus einer psychischen Erkrankung oder kognitiven Beeinträchtigung heraus resultieren.[271]

6. Recht auf Achtung des Privat- und Familienlebens (Art 8 EMRK)

In der österreichischen Verfassung ist die Privatsphäre eines Menschen nur punktuell geregelt. Art 8 EMRK gewährt jedermann einen umfassenden Schutz und einen allgemeinen Anspruch auf Achtung der Privatsphäre. Laut EGMR lässt sich der Begriff „Privatleben" nicht abschließend definieren.[272] Der EGMR tendiert aber bei der Erfassung des Schutzbereiches eher zu einer weiten Auslegung.[273] Die Judikatur geht in erster Linie davon aus, dass unter den Begriff „Privatleben" die Entwicklung der Persönlichkeit eines Menschen subsumiert wird. Es geht um seine intime Sphäre, in der der Mensch seinen Interessen und Neigungen nachgeht.[274]

Im Gesundheitsrecht spielt va Art 8 EMRK eine Schlüsselrolle. Grund dafür ist, dass mit Art 8 EMRK ein umfassender Schutz der wesentlichen Ausdrucksmöglichkeiten der Persönlichkeit und der Selbstbestimmung eines Menschen garantiert werden sollen.[275]

a) Schutzbereich

Schutzgut des Grundrechts auf Privatleben sind ua. die Selbstbestimmung über den eigenen Körper sowie die eigene Lebensführung. Der schutzwürdigste Teil des

---

[270] *Joklik/Windisch*, RdM 2021/179, 03 ff.
[271] *Jaquemar*, RdM 2021/33, 211 f.
[272] Vgl EGMR 16.12.1992, *Niemitz*, EuGRZ 1993, 66.
[273] *Hiersche ea*, HB EpiR 50.
[274] *Hengstschläger/Leeb*, Grundrechte[3] Rz 12/1.
[275] *Grabenwarter/Krauskopf* in *Resch/Wallner* Kap I. Rz 50.

Privatlebens stellt immer der Intimbereich eines Menschen dar. Darunter fallen aus medizinischer Sicht zB Verfügungen über den eigenen Körper oder körperliche und geistige Befindlichkeiten, sowie der Gesundheitszustand.[276]

Des Weiteren soll die Privatheit des Lebens geschützt werden. Die Gestaltung des Lebens soll unabhängig und ohne Einfluss der Öffentlichkeit oder dem Staat gestaltet werden können. Jeder Bürger hat das Recht, niemanden ohne triftigen Grund Einblicke in sein Privatleben gewähren zu müssen.[277]

Zentrale Grundsätze der medizinischen Ethik finden ebenfalls in Art 8 EMRK Anerkennung. Von Art 8 EMRK erfasst sind zB das Autonomieprinzip, die Fürsorgeverpflichtung oder das Recht auf informationelle Selbstbestimmung.[278]

IdS auch relevant ist die Erfassung, Sammlung und Evidenthaltung von medizinischen Daten. Dies fällt ebenfalls in den Schutzbereich des Art 8 EMRK. Art 8 EMRK fordert, zB, dass personenbezogene medizinische Daten nicht ohne Zustimmung des Betroffenen offengelegt werden.[279] Für diesen weitläufigen Bereich wurde eine eigene Verfassungsbestimmung mit unmittelbarer Drittwirkung in §1 DSG verankert, dem Grundrecht auf Datenschutz.[280] Wie bereits in der Einleitung erwähnt, werden in dieser Arbeit nicht alle Grundrechte ins Detail behandelt werden können, da dies den Rahmen der Arbeit sprengen würde. Da dieses Grundrecht einen weitläufigen eigenständigen Bereich hat, wird es deshalb nicht weiter berücksichtigt.

b) Einschränkungsmöglichkeiten

Eingriffe in das Grundrecht auf Achtung des Privat- und Familienlebens sind nur unter den Bedingungen des Art 8 (2) EMRK erlaubt. Demnach muss ein Eingriff gesetzlich vorgesehen sein und eine Maßnahme darstellen, die *„in einer demokratischen Gesellschaft für die nationale Sicherheit, die öffentliche Ruhe und Ordnung, das wirtschaftliche Wohl des Landes, die Verteidigung der Ordnung und zur Verhinderung*

[276] *Berka*, Verfassungsrecht[8] Rz 1392; *Hengstschläger/Leeb*, Grundrechte[3] Rz 12/2.
[277] *Muzak*, B-VG[6] Art 8 MRK Rz 2.
[278] *Öhlinger/Eberhard*, Verfassungsrecht[12] Rz 814.
[279] Siehe dazu zB EGMR 29.4.2014, 52019/07, *L.H. gegen Lettland* oder EGMR 25.11.2008, 36919/02, *Armonas gegen Litauen* und EGMR 25.11.2008, 23373/03, *Biriuk gegen Litauen*.
[280] Näheres dazu siehe *Berka*, Verfassungsrecht[8] Rz 1407 ff.

von strafbaren Handlungen, zum Schutz der Gesundheit und der Moral oder zum Schutz der Rechte und Freiheiten anderer notwendig"[281] ist.[282]

Gerichte haben bei der Beurteilung darüber, ob das Grundrecht auf Achtung des Privatlebens verletzt wird oder nicht, die allgemeine Grundrechtsformel anzuwenden.[283]

Grundsätzlich ist jede verpflichtende medizinische Maßnahme ein Eingriff in die durch Art 8 EMRK geschützten Rechte.[284] „Verpflichtend" bedeutet idS nicht „erzwungen", sondern es kommt darauf an, ob einer Maßnahme ein freier Willensentschluss zugrunde gelegt werden kann oder nicht. Es kommt auch nicht darauf an, ob die medizinische Maßnahme bedeutend oder unbedeutend ist und ob therapeutische oder diagnostische Zwecke dabei verfolgt werden. Daraus resultiert, dass bereits durch die Pflicht an einer ärztlichen Untersuchung mitzuwirken oder sie auch nur zu dulden, Eingriffe in Art 8 EMRK begründet werden können.[285]

Medizinische Zwangsbehandlungen und -untersuchungen, wie etwa einer zwangsweisen Blutabnahme, Zwangsernährung, Fesselung oder DNA-Analysen, stellen einen massiven Eingriff in die physische oder psychische Integrität eines Menschen dar und sind deshalb nur zulässig, wenn es dafür ein gewichtetes Interesse iSd Art 8 (2) EMRK gibt.[286] Grundsätzlich verboten sind sie allerdings nicht. Bei medizinischen Zwangsmaßnahmen an Patienten sind die Grundsätze der Medizin maßgebend. Zwangsmaßnahmen, die eine medizinische Notwendigkeit darstellen und dies hinreichend gerechtfertigt wird, können einen zulässigen Eingriff darstellen.[287]

Ein Sonderfall ist die Blutabnahmen bei bewusstlosen Patienten. Diese ist nach *VfSlg 11.923/1988* verfassungswidrig, zumal man sich zB nicht auf §5 (6) StVO stützten kann, in der eine sanktionierte Pflicht zur Duldung einer Blutabnahme unter bestimmten Voraussetzungen im Straßenverkehr besteht. Es stellt einen gesetzlosen

---

281 Art 8 (2) EMRK.
282 *Grabenwarter/Frank*, B-VG Art 8 EMRK Rz 15.
283 *Berka*, Verfassungsrecht[8] Rz 1400.
284 Siehe VfSlg 11.923/1988.
285 *Hiersche ea*, HB EpiR 51.
286 *Berka*, Verfassungsrecht[8] Rz 1396.
287 EGMR 24.9.1992, 48/1991/300/371, ÖJZ 1993/4; *Öhlinger/Eberhard*, Verfassungsrecht[12] Rz 813, 751.

und daher verfassungswidrigen Eingriff in das Grundrecht auf Achtung des Privatlebens dar.[288]

Kommt es im umgekehrten Fall dazu, dass eine medizinische Behandlung von einem Patienten gewünscht, aber vom Arzt verweigert wird, stellt diese Verweigerung der Behandlung, nur bei Vorliegen besonderer Umstände, eine Verletzung des Grundrechts auf Achtung des Privatlebens dar.[289] So lag zB eine Verletzung von dem aus Art 8 EMRK abgeleiteten Recht auf medizinische Leistungen im Fall des EGMR *Asiye Genc gegen Türkei* vor, bei dem ein zu früh geborenes Kind sterben musste, da die Kapazitäten in dem von der Familie aufgesuchten Krankenhaus, für die Versorgung von Atembeschwerden des Säuglings nicht ausreichten. Der EGMR führte zu seiner Entscheidung ua aus: *"…In other words, the child died not as a result of negligence or an error of judgment in the treatment administered to him …, but because he was simply not offered any form of treatment at all – it being understood that such a situation was analogous to a denial of medical care such as to put a person's life in danger…"*.[290]

Bei allen genannten Fällen ist immer auf die Verhältnismäßigkeit iSv einer Interessensabwägung zwischen den Interessen des Einzelnen und der der Allgemeinheit zu achten. Angesichts der Bedrohung einer Seuche wie Covid-19 im Ausmaß einer medizinischen Triage, kämen allerdings nahezu alle in Art 8 (2) EMRK genannten Ausnahmen als Rechtfertigung in Betracht. Insbesondere die Wahrung der öffentlichen Ordnung und die Rechte anderer, sind hier noch einmal ausdrücklich zu erwähnen.[291]

c) Schutzpflichten

Es besteht wiederum die Schutzpflicht des Staates, den Einzelnen vor willkürlichen Eingriffen staatlicher Behörden zu bewahren.[292]

Zusätzlich soll der Einzelne nicht nur vor Eingriffen des Staates oder der Öffentlichkeit, sondern auch vor Eingriffen Dritter geschützt werden. Der Staat muss dabei geeignete

---

[288] *Berka*, Verfassungsrecht[8] Rz 1396.
[289] *Hiersche ea*, HB EpiR 51; *Berka*, RdM 2019/121, 232.
[290] EGMR 27.1.2015, 24.109/07, *Asiye Genc gegen Türkei*; Weiterführend dazu siehe *Berka*, RdM 2019/121, 232 oder zB EGMR 9.4.2013, 13.423/09, *Mehmet und Bekir Sentürk* gegen Türkei.
[291] *Hiersche ea*, HB EpiR 52.
[292] *Öhlinger/Eberhard*, Verfassungsrecht[12] Rz 819.

Regelungen, wie zB im Bereich des Strafrechts erlassen, um Eingriffen entgegenzuwirken.[293]

Des Weiteren treffen den Staat laut ständiger Rsp des EGMR[294] noch positive Schutzpflichten. Er hat sinnvolle und angemessene Maßnahmen zu treffen. Von ihm kann allerdings keine Garantie dafür gefordert werden.[295]

Positive Schutzpflichten im Bereich des Gesundheitswesens treffen den Staat im Sinne einer Einrichtung eines staatlichen Gesundheitssystem, das sich wiederum auch aus Art 2 EMRK ergibt. Die Konventionsstaaten sind dazu aufgefordert, all jene Schritte zu setzen, die für eine Abwendung von Gesundheitsgefahren für die Bevölkerung notwendig sind.[296]

Aus Art 8 EMRK ist auch das Recht auf Selbstbestimmung eigens zu nennen. Ein Rolle spielt dies va iZm der Einwilligungsmöglichkeit in die ärztliche Behandlung, den Aufklärungspflichten des Arztes und des Weiteren in Bezug auf das Recht zu sterben.[297]

d) Recht auf Selbstbestimmung

Ein explizit niedergeschriebenes Recht auf Selbstbestimmung gibt es in der österreichischen Verfassung nicht. Es lässt sich vielmehr aus mehreren grundrechtlichen Bestimmungen ableiten. Das Recht auf Selbstbestimmung ergibt sich laut VfGH aus einer Gesamtschau der Art 63 (1) StV St Germain, Art 2 EMRK, Art 7 B-VG und va Art 8 (1) EMRK.[298] Es gibt jedoch kritische Stimmen[299] darüber, ob sich ein Recht auf Selbstbestimmung wirklich aus einer solchen Gesamtschau ergibt, da, so zB *Gamper*, nicht all diese Grundrechte vermischt werden können. Sie begründet die Schlussfolgerung des VfGH damit, dass dieser die Beurteilung der

---

[293] *Berka*, Verfassungsrecht[8] Rz 1393.
[294] Siehe zB EGMR 20.3.2008, 15.339/02 ua, *Budayeva ua gegen Russland*.
[295] *Grabenwarter/Krauskopf* in *Resch/Wallner* Kap. I. Rz 53; *Hiersche ea*, HB EpiR 35.
[296] *Hiersche ea*, HB EpiR 35.
[297] *Hiersche ea*, HB EpiR 35.
[298] VfGH 11.12.2020, G 139/2019.
[299] Siehe zB *Gamper*, Gibt es ein „Recht auf ein menschenwürdiges Sterben"? Zum Erkenntnis des VfGH vom 11.12.2020, G 139/2019, JBl 2021, 139 oder *Khakzadeh*, Das Recht auf selbstbestimmtes Sterben, RdM 2021/02, 49 f.

Verfassungskonformität *„nicht je nach Grundrecht differenzierten Eingriffsvorbehalten, sondern in einer eher diffusen Gesamtbeurteilung“*[300] vornimmt.[301]

Wie bereits näher ausgeführt, fällt in den Schutzbereich des Art 8 EMRK die gesamte Intimsphäre einer Person und damit auch ihre körperliche Integrität. Für sich genommen gilt demnach auch der Wille eines Menschen als zu seiner Intimsphäre zugehörig und ist schutzbedürftig.[302]

Eine positive Schutzpflicht des Staates iSd Rechts auf Selbstbestimmung im Arzt-Patient-Verhältnis betrifft die Aufklärung, Behandlung und Einwilligung des Einzelnen.[303]

Aus rechtlicher Sicht sind Voraussetzungen für die Selbstbestimmungsfähigkeit ua die Einsichts- und Einwilligungsfähigkeit. Die Entscheidung des Einzelnen der Verweigerung oder Beendigung in eine medizinischen Behandlung ist sowohl von Tatsachen- als auch von Wertungsfragen abhängig. Eine entsprechende Aufklärung durch den behandelnden Arzt ist dabei unerlässlich, um dem Einzelnen die Möglichkeit zu bieten, eine etwaige Behandlungsalternative in Anspruch nehmen zu können. Die Frage der Wertung der Folgen seiner Entscheidung kann nur der Einzelne unter seinen eigenen Maßstäben treffen. Nur er allein kann für sich entscheiden, welchen Wert die bedrohten Rechtsgüter für ihn haben und welche „Opfer“ er bereit ist zu geben.[304]

Bei der Entscheidung darüber, ob der Betroffene überhaupt noch selbstbestimmungsfähig ist, ist nicht allein schon das Abweichen von Wertentscheidungen, die ein vernünftiger Mensch normalerweise trifft bzw was gerade die allgemeine oder gängige „vernünftige“ Vorstellung wäre, ausschlaggebend. Vielmehr reicht erst der Nachweis aus, dass diese Abweichung ihren Grund in einer Störung der generellen Fähigkeit hat, eine eigenständige Wertung zu treffen. Der Betroffene benötigt für seine Selbstbestimmungsfähigkeit einen Zusammenhang zwischen Einsicht und Verhalten. Kurz gesagt muss er im Stande sein, die seiner Entscheidung zugrunde liegenden Tatsachen realistisch zu bewerten, sie seinem eigenen Wertesystem zuzuordnen und mögliche Alternativen gegeneinander

---

[300] *Gamper*, JBl 2021, 139.
[301] *Gamper*, JBl 2021, 139.
[302] *Kneihs* in *Kopetzki/Pöschl/Reiter/Wittmann-Tiwald* (Hrsg), Körper-Codes – Moderne Medizin, individuelle Handlungsfreiheiten und die Grundrechte – Grundrechtstag 2009 (2010) 94 (RIDAonline.at).
[303] *Grabenwarter/Krauskopf* in *Resch/Wallner* Kap. I. Rz 53.
[304] *Kneihs* in *Kopetzki ea*, Körper-Codes 94 f.

abwägen. Eine pauschales Schema dafür gibt es nicht. Es kommt vielmehr auf die jeweiligen Umstände des Einzelfalls an. Schematische Grenzziehungen, wie zB Altersgrenzen für die Einsichts- und Einwilligungsfähigkeit sind aber durchaus zulässig und können im Zweifel sogar von entscheidender Bedeutung sein.[305]

Eingriffe in den Schutzbereich sind nur unter den in Art 8 (2) EMRK taxativ aufgezählten Gründen erlaubt.[306] Hier stellt sich die Frage, inwiefern Eingriffe in die Integrität einer Selbstbestimmungsunfähigen Person zulässig sind. Fehlt die Selbstbestimmungsfähigkeit, ist jede Entscheidung, die getroffen wird, eine fremdbestimmte Entscheidung.[307]

Gerade auch im Fall der Zulässigkeit des assistierten Suizids ist das Recht auf Selbstbestimmung ein zentraler Punkt. Es genießt momentan durch das bevorstehende „Sterbeverfügungsgesetz“[308] viel Medienpräsenz und wird deshalb im folgenden Kapitel näher behandelt.

da) Gibt es ein Recht zu sterben?

Am anschaulichsten lässt sich die folgende Problematik durch einen Fall darstellen: In der Grundsatzentscheidung *Pretty gegen die Vereinigten Königreiche* ging es bereits im Jahr 2002 darum, dass die Beschwerdeführerin Dianne Pretty an einer unheilbaren Krankheit litt, diese immer schlimmer wurde und zuletzt zu einem qualvollen Tod durch Lungenentzündung und Atemstillstand geführt hätte. Da die Beschwerdeführerin kopfabwärts gelähmt war, künstlich ernährt wurde und sich nicht mehr verbal verständigen konnte, war es ihr nicht mehr möglich, sich selbst ihr Leben zu nehmen. Ihre Entscheidungsfähigkeit war jedoch nicht beeinträchtigt. Sie wollte selbst entscheiden können, wann und auf welche Art sie aus dem Leben scheidet.[309]

In Österreich ist es gem. §78 zweiter Fall StGB verboten, Hilfe bei einem Suizid zu leisten. Dies wurde nun mit Erk des VfGH vom 11.12.2020, G 139/2019 als verfassungswidrig aufgehoben, weil der Tatbestand *„oder ihm Hilfe zu leisten“*[310] jegliche Art der Hilfeleistung unter allen Umständen verbietet und somit gegen das

---

[305] *Kneihs* in *Kopetzki ea*, Körper-Codes 95.
[306] *Kneihs* in *Kopetzki ea*, Körper-Codes 94.
[307] *Kneihs* in *Kopetzki ea*, Körper-Codes 96.
[308] RV 1177 BlgNR XXVII. GP.
[309] EGMR 29.4.2002, 2346/02, *Pretty gegen Vereinigtes Königreich*.
[310] §78 zweiter Fall StGB.

Recht auf Selbstbestimmung verstößt. Die Aufhebung tritt mit Ablauf des 31.12.2021 in Kraft.[311]

Dieses Erk beschäftigt sich ausführlich mit den verschiedenen Freiheitspositionen gegenüber dem eigenen Leben und galt als Grundlage für Diskussionen über ein „selbstbestimmtes Sterben" und einem darauf aufbauenden Gesetzesvorschlag. Dieser lag allerdings bis Oktober 2021 nicht vor und ein konkreter Gesetzesentwurf wurde erst am 22.10.2021 präsentiert.[312]

Laut Gesetzesentwurf beschränkt sich die Möglichkeit eine Sterbeverfügung zu errichten auf Personen, die an einer unheilbaren, zum Tod führenden Krankheit leiden oder an einer schweren, dauerhaften Krankheit mit anhaltenden Symptomen leiden, deren Folgen die betroffene Person in ihrer gesamten Lebensführung dauerhaft beeinträchtigen können.[313] Dies kann allerdings jeden Menschen sowohl im Normalzustand, im Zustand begrenzter Ressourcen oder in der Extremsituation einer medizinischen Triage betreffen. Deshalb darf es auf keinen Fall passieren, dass dieses Recht, aufgrund der erst bevorstehenden Regelung vernachlässigt oder gar außer Acht gelassen wird.

„Selbstbestimmtes Sterben" findet grundrechtliche Bezugspunkte va in Art 2 EMRK, dem Recht auf Leben, und Art 8 EMRK, dem Recht auf Privat- und Familienleben. Eine „negative Freiheit" auf ein Recht zu Sterben lässt sich aus Art 2 EMRK nicht ableiten.[314] Allerdings lässt sich aus Art 2 EMRK auch keine eindeutige Pflicht zu Leben ableiten, denn dadurch würde der Grundrechtsträger zum Verpflichteten werden. Auch spricht dagegen, dass der Selbstmord an sich, nicht mehr unter Strafe steht. Weiters können Betroffene mittels Patientenverfügung, Entscheidungen im Voraus treffen und so medizinische Behandlungen für einen in der Zukunft liegenden Fall ablehnen. Vielmehr resultiert ein „Recht zu Sterben" aus dem Recht auf Selbstbestimmung, das eben nicht nur das Recht auf Gestaltung des Lebens, sondern eben auch das Recht auf ein menschenwürdiges Sterben umfasst.[315]

---

[311] VfGH 11.12.2020, G 139/2019.
[312] *Birklbauer*, Mögliche Grenzen straffreier Suizidunterstützung – ein Ausblick auf 2022, JSt 2021, 555.
[313] §6 (3) StVfG, RV 1177 BlgNR XXVII. GP.
[314] *Grabenwarter/Krauskopf* in *Resch/Wallner* Kap. I. Rz 47.
[315] *Gamper*, JBl 2021, 139.

Das Verbot assistierten Suizids stellt zweifellos einen Eingriff in das Recht auf Selbstbestimmung dar und kann dazu führen, dass uU das Recht auf einen selbstbestimmten Tod gar nicht ausgeübt werden kann. Denn der Einzelne wird ohne Neuregelung entweder dazu verpflichtet weiterzuleben, obwohl er dies gar nicht möchte oder er wird gegebenenfalls dazu voranlasst, in einer „menschenunwürdigen Form“ zu sterben. Was dabei die Würde des Menschen verletzt, definiert jeder Mensch selbst, denn was für den einen als menschenwürdig erscheint, kann für einen anderen ungeheuerlich sein.[316]

Auch zeigt sich laut VfGH ein Widerspruch zu §49a (2) ÄrzteG.[317] Ein Arzt darf gem. §49a (2) ÄrzteG bei einem Sterbenden schmerzlindernde Maßnahmen ergreifen, die als Folge mit unter den Tod des Patienten vorantreiben können.[318] Er muss dabei „zum Wohl des Kranken“ agieren. Dies bedeutet allerdings nicht, dass er dazu alles technisch Machbare unternehmen muss. Es bedeutet vielmehr, ihn so gut wie möglich zu begleiten und ein „Sterben in Würde“ zuzulassen.[319] Der VfGH wollte damit verdeutlichen, dass palliativmedizinische Maßnahmen in den Fällen, in denen der Patientenwille gar nicht mehr ermittelt werden kann, zulässig sein sollen, aber nicht unter ausdrücklichem Willen eines Patienten.[320]

Unsere Rechtsordnung beruht auf den Grundsätzen der Freiheit und Gleichheit aller Menschen. Es gilt sowohl für Alte und Junge, Kranke und Gesunde, Verletzte und Nicht-Verletzte. Dies muss dann auch für den Suizidwilligen gelten.[321]

Aufbauend auf dieses Erk hat nun, wie bereits oben erwähnt, die Bundesregierung einen Gesetzesentwurf über Sterbeverfügungen erlassen, in der gleichzeitig das SMG und das StGB geändert werden sollen. Das vorparlamentarische Begutachtungsverfahren wurde bereits beendet und der Gesetzesvorschlag im Anschluss dem Nationalrat und dem Bundesrat vorgelegt. Derzeit stehen noch die Plenarberatungen des Bundesrates aus, die am 22.12.2021 stattfinden sollen.[322]

---

[316] *Khakzadeh*, RdM 2021/02, 50 ff; näheres zur Menschenwürde siehe Kap. VII.4.
[317] VfGH 11. 12. 2020, G 139/2019.
[318] *Khakzadeh*, RdM 2021/02, 50 ff.
[319] *ÖGARI*, ICU-Triage Empfehlungen 2.
[320] *Khakzadeh*, RdM 2021/02, 50 ff.
[321] *Gamper* JBl 2021, 144; *Khakzadeh*, RdM 2021/02, 50 ff.
[322] *Parlament Österreich*, Sterbeverfügungsgesetz; Suchtmittelgesetz, Strafgesetzbuch, Änderung (1177 d.B.), Stand des parlamentarischen Verfahrens (Stand 20.12.2021) <https://www.parlament.gv.at/PAKT/VHG/XXVII/I/I_01177/index.shtml#tab-ParlamentarischesVerfahren> (abgefragt 20.12.2021).

Voraussetzungen für Fälle der Zulässigkeit einer Suizidassistenz sind neben der Volljährigkeit der Person, die Entscheidungsfähigkeit des Sterbenden bis zum Tod, ein freier und selbstbestimmter Entschluss sein Leben zu beenden und das Leiden entweder an einer unheilbaren, zum Tod führenden Krankheit oder an einer schweren dauerhaften Krankheit mit anhaltenden Symptomen, die die gesamte weitere Lebensführung beeinträchtigen.[323]

Es ist wichtig zwischen „freiwilliger Sterbehilfe" und Fremdbestimmung zu unterscheiden. Fremdbestimmung liegt dann vor, wenn nicht (mehr) selbst über eine lebensverlängernde oder -verkürzende Maßnahme entschieden wird.[324] Solche Fälle werden vom StVfG nicht erfasst, sondern nur freie und selbstbestimmte Willensentschlüsse. Ein freier und selbstbestimmter Willensentschluss liegt vor, wenn der Sterbende über Krankheit, Krankheitsverlauf und Therapiemöglichkeiten und über alle Konsequenzen und Alternativen von mind. zwei Ärzten aufgeklärt wurde, wovon einer davon palliativmedizinische Fachqualifikationen aufweisen muss. Ein Facharzt für Psychiatrie oder ein klinischer Psychologen muss hinzugezogen werden, wenn aufgrund etwaiger Anhaltspunkte der Verdacht besteht, dass bei der sterbewilligen Person eine krankheitswertige psychische Störung vorliegen könnte. Der Arzt hat die wesentlichen Inhalte des Aufklärungsgesprächs zu dokumentieren.[325]

Fristen für die Errichtung der Sterbeverfügung gibt es zwei. Grundsätzlich kann die Sterbeverfügung 3 Monate nach dem ärztlichen Aufklärungsgespräch errichtet werden. Laut Suizidforschern ist dies auch ein Parameter zur Überwindung der bekannten „Krisenphase".[326] Hat der Betroffene allerdings bereits die Terminalphase[327] erreicht, reicht eine Frist von zwei Wochen aus, da er angesichts der überbrückbaren letzten Lebensphase sonst faktisch von der Inanspruchnahme der Suizidassistenz wiederum ausgeschlossen werden würde. Die Errichtung der Sterbeverfügung selbst hat wiederum vor einer dokumentierenden Person zu erfolgen.[328]

---

[323] § 6 StVfG, RV 1177 BlgNR XXVII. GP
[324] *Kneihs*, JBl 1999, 76 ff.
[325] ErläutRV 1177 BlgNR XXVII. GP.
[326] *Fucik*, Sterbeverfügungsgesetz in Begutachtung (Stand 3.11.2021), ÖJZ 2021/122, 961.
[327] Unter Terminalphase ist gem. §3 Z8 StVfG, RV 1177 BlgNR XXVII. GP das Stadium einer Krankheit gemeint, bei der der Betroffene voraussichtlich innerhalb von sechs Monaten sterben wird.
[328] §8 (1 und 2) StVfG, RV 1177 BlgNR XXVII. GP; *Fucik*, ÖJZ 2021/122, 961.

Anschließend kann sich der Sterbewillige ein Präparat in einer öffentlichen Apotheke unter Vorlage der gültigen Sterbeverfügung abholen. Um Missbräuchen vorzubeugen, hat die Apotheke die Abgabe des Präparats an das Sterbeverfügungsregister zu melden. Der Betroffene hat letztendlich seinen Entschluss im privaten Rahmen auszuführen. Damit soll der Institutionalisierung entgegengewirkt werden und es soll keine Überwalzung dieser Aufgabe allein an Ärzte oder deren Einrichtungen stattfinden.[329]

Auch während einer medizinischen Triage darf dieses Thema sowohl bei „Normalpatienten" als auch bei Covid-19-Patienten, die schwere Dauerfolgen oder Nebenerkrankungen davontragen, nicht außer Acht gelassen oder vernachlässigt werden.

7. Gleichheitsprinzip (Art 7 (1) B-VG, Art 2 StGG, RassDiskrBVG)

„Alle Staatsbürger sind vor dem Gesetz gleich." Dies gilt sowohl gem. Art 7 B-VG als auch gem. Art 2 StGG. Grundrechtsträger nach diesen Bestimmungen sind nur Staatsbürger. Art 7 (1) B-VG normiert ein Verbot der Diskriminierung von Menschen mit Behinderung, das uneingeschränkt für alle gilt. Durch das RassDiskrBVG wurde die allgemeine Unterscheidung der Rasse, Hautfarbe, Abstammung oder der nationalen o. ethnischen Herkunft verboten. Somit genießen auch Fremde einen dem Art 7 (1) B-VG und Art 2 StGG weitgehend entsprechenden Schutz[330].[331]

Auch Art 21 GRC enthält ein allgemeines Diskriminierungsgebot im Anwendungsbereich des Unionsrechts, das über die Grenzen des Art 7 (1) B-VG hinausgeht. Gem. Art 21 GRC sind alle Personen vor dem Gesetz gleich.[332]

Ein akzessorisches Diskriminierungsverbot enthält weiters Art 14 EMRK. Dies bedeutet, dass ein Diskriminierungsschutz nur hinsichtlich der in der EMRK gewährleisteten Rechte und ihrer ZP garantiert ist. Eine Diskriminierung nach Art 14 EMRK liegt vor, wenn ähnliche Sachverhalte unterschiedlich behandelt werden, ohne einer objektiven und vernünftigen Rechtfertigung. Ferner muss ein legitimes Ziel

---

[329] §11 (1 und 2) StVfG, RV 1177 BlgNR XXVII. GP; ErläutRV 1177 BlgNR XXVII. GP.
[330] VfSlg 19.077/2010.
[331] *Grabenwarter/Frank*, B-VG Art 7 Rz 4-6.
[332] *Öhlinger/Eberhard*, Verfassungsrecht[12] Rz 758.

verfolgt werden und Mittel und Ziel müssen wiederum nach dem Prinzip der Verhältnismäßigkeit abgewogen werden.[333]

Nach dem Gleichheitssatz dürfen Personen nicht allein aufgrund rein subjektiver Merkmale wie zB von Vorrechten der Geburt, des Geschlechtes, des Standes, der Klasse, der Religion bzw Weltanschauung oder einer Behinderung, unterschiedlich behandelt werden.[334]

Der VfGH leitet aus dem Gleichheitssatz nicht nur ein Verbot unsachlicher Differenzierung bzw sachwidriger Gleichbehandlung und Willkür ab, sondern weiters auch ein allgemeines Gebot der Sachlichkeit von rechtlichen Regelungen.[335]

Art 7 (1) B-VG verfolgt nicht das Ziel eine faktische Gleichheit herzustellen, sondern vielmehr eine Rechtsgleichheit zu gewährleisten. Es gilt der Grundsatz „Gleiches soll gleich, und Ungleiches soll ungleich" behandelt werden.[336]

Nicht allgemein anzuwenden ist der Gleichheitssatz auf Verhältnisse zwischen Privatpersonen. Dort gilt Art 7 (1) B-VG nur in Ausnahmefällen, da der Staat immer auch die Grundsätze der Privatautonomie und der Vertragsfreiheit zweier Parteien zu respektieren hat. Er kann allerdings durch Gesetz, für bestimmte gesellschaftliche Verhältnisse, ein Gleichbehandlungs- oder Diskriminierungsverbot anordnen[337].[338]

a) Das Gleichbehandlungs- und Differenzierungsgebot

Nach dem Gleichbehandlungs- und Differenzierungsgebot ist der Gesetzgeber verpflichtet, alle Personen gleich zu behandeln, sofern nicht besondere Gründe entgegenstehen. Diese Gründe müssen im Tatsächlichen sachlich vernünftig rechtfertigbar sein, sie müssen wesentlich sein und dürfen nicht unverhältnismäßig sein.[339] Des Weiteren darf der Gesetzgeber keine unsachlichen Gleichbehandlungen vornehmen. Für die Beurteilung dessen hat er immer vom Normalfall auszugehen. Ein Härtefall macht das Gesetz nicht gleich gleichheitswidrig. Hierbei ist es dem

---

[333] *Hengstschläger/Leeb*, Grundrechte³ Rz 7/1.
[334] Art 7(1) B-VG; siehe auch Art 19 AEUV zum speziellen Diskriminierungsverbot.
[335] *Hengstschläger/Leeb*, Grundrechte³ Rz 7/6.
[336] *Hengstschläger/Leeb*, Grundrechte³ Rz 7/7.
[337] ZB Gleichbehandlung von Mann und Frau am Arbeitsplatz oder dem GlBG.
[338] *Grabenwarter/Frank*, B-VG Art 7 Rz 13 f.
[339] *Hengstschläger/Leeb*, Grundrechte³ Rz 7/15; *Öhlinger/Eberhard*, Verfassungsrecht¹² Rz 761 f.

Gesetzgeber erlaubt, Fälle, die atypisch bzw bloß ausnahmsweise auftreten, zu vernachlässigen.[340]

b) Das allgemeine Sachlichkeitsgebot

Ein weiteres wichtiges Gebot des Gleichheitsprinzips ist das Sachlichkeitsgebot. Demnach ist es dem Gesetzgeber verboten, Regelungen zu erlassen, die unsachlich sind.[341] Dies bedeutet, dass er keine sachlich nicht begründbaren Regelungen erlassen darf. Der VfGH hat dabei nicht zu beurteilen, ob eine Regelung zweckmäßig erscheint, sondern darf sein eingesetztes Mittel vielmehr zur Zielerreichung nicht völlig untauglich sein. Weiters darf er auch keine Regelungen erlassen, deren Ziel keinesfalls im öffentlichen Interesse liegt.[342]

c) Eingriffsmöglichkeiten

Jede Aufhebung oder Abänderung von Rechten muss sachlich begründbar sein, um nicht gegen den Gleichheitssatz zu verstoßen. Dabei kommt es immer auf die Art und die Intensität der Minderung erworbener Rechte an. Ein Eingriff liegt vor, wenn ein Gesetz plötzlich und intensiv in die erworbenen Rechtspositionen eingreift, auf deren Bestand der Betroffene bislang vertrauen konnte. Dem Betroffenen muss Gelegenheit gegeben werden, sich rechtzeitig auf die neue Situation einzustellen.[343]

Zusätzlich gilt ebenfalls der Grundsatz der Verhältnismäßigkeit. Je intensiver ein Eingriff in die Rechtssphäre des Einzelnen vorliegt, desto höher müssen die Anforderungen einer sachlichen Rechtfertigung sein.[344]

d) Gleichbehandlung im Gesundheitswesen

Für den Bereich des Gesundheitswesens ist der Gleichheitssatz überall dort relevant, wo es um unterschiedliche rechtliche Regelungen über die Inanspruchnahme bestimmter medizinischer Leistungen geht.[345]

Angefangen sei mit dem Problem der Ressourcenverteilung, wenn zu wenig Ressourcen zur Verfügung stehen. Hier muss festgelegt werden, in welcher

---

[340] *Grabenwarter/Frank,* B-VG Art 7 Rz 17; Siehe zB VfSlg 11.615/1988; 14.841/1997.
[341] *Grabenwarter/Frank,* B-VG Art 7 Rz 16.
[342] *Hengstschläger/Leeb*, Grundrechte[3] Rz 7/21.
[343] *Hengstschläger/Leeb*, Grundrechte[3] Rz 7/23 f.
[344] *Öhlinger/Eberhard,* Verfassungsrecht[12] Rz 798.
[345] *Grabenwarter/Krauskopf* in *Resch/Wallner,* Kap. I. Rz 64.

Reihenfolge und nach welchen Kriterien Patienten in Notsituationen behandelt werden. Dabei dürfen auch Fälle von indirekter Ressourcenknappheit nicht vergessen werden. Werden Intensivstationen für Corona-Patienten freigehalten, können Patienten, die aus anderen Gründen eine intensivmedizinische Behandlung benötigen uU nicht adäquat versorgt werden. Die verschiedenen Fachgesellschaften plädieren hierbei immer wieder auf die Beachtung der Gleichheit jedes Menschen.[346]

Besteht im Staat ein etabliertes Gesundheitssystem, hat er dessen Leistungen allen Menschen gleich, ohne Diskriminierung, zugänglich zu machen. Die Anforderungen an dieses System müssen dem Gleichheitssatz entsprechen. Immer dort, wo eine ungleiche Behandlung von Menschen beim Zugang zu Gesundheitsleistungen stattfindet, ist von einer unzulässigen Diskriminierung zu sprechen. Dabei müssen verpönte Motive wie allein das Geschlecht, die ethnische oder soziale Herkunft, das Alter, die sexuelle Orientierung oder das Vermögen als Entscheidungsgrundlage herangezogen worden sein.[347]

Auch muss der Staat armutsbedingte Diskriminierungen beachten. Armut stellt ein gravierendes Gesundheitsrisiko für den Einzelnen dar. Würde armen Menschen der Zugang zu Gesundheitsleistungen zu einer für sie tragbaren Bedingung allein aufgrund ihrer finanziellen Leistungsfähigkeit verwehrt werden, läge eine mittelbare Diskriminierung vor. Wiederum besteht hier ein enger Zusammenhang mit der Menschenwürde. Auch aus der jüngeren Judikatur des VfGH zur Mindestsicherung[348] geht hervor, dass das vom Gesetzgeber geschaffene Sozialhilfesystem nur dann dem Sachlichkeitsgebot entspricht, wenn notwendige Grundbedürfnisse für ein menschenwürdiges Leben mitabgedeckt werden.[349]

In den Empfehlungen der ÖGARI werden wiederholt va die Merkmale Alter und Behinderung als alleiniges unzulässiges Kriterium beschrieben. Im Folgenden werden nun beide Motive iSd Gleichheitssatzes näher durchleuchtet.

---

[346] *Streit*, Gesundheitsversorgung in der Pandemie: Triage – oder kommen alle dran?, JMG 2020/3, 141.
[347] *Berka*, RdM 2019/121, 233.
[348] Siehe zB VfSlg 19.698/2012, 20.177/2017; VfGH 7.3.2018, G 136/2017, etc.
[349] *Berka*, RdM 2019/121, 234 f.

da.) Diskriminierung aufgrund des Alters

Zur Frage darüber, ob das „Alter“ ein zulässiges Kriterium für die Entscheidung der Verteilung knapper Ressourcen sein kann, gibt es in der rechtswissenschaftlichen Literatur bislang nur vereinzelt Artikel oder gar Rsp zu finden.

Bekannte Beispiele von zumindest temporär knappen Ressourcen sind etwa menschliche Organe, deren Verfügbarkeit begrenzt ist und nicht beliebig erhöht werden können, oder speziell im Fall von Covid-19, Beatmungsgeräte. Gehen wir von folgendem Sachverhalt aus: Ein Arzt hat für die Behandlung seiner zwei Patienten nur mehr ein Beatmungsgerät, das beide benötigen. Ein Patient ist bereits 97 Jahre alt, der andere 24 Jahre. Darf in einem solchen Fall das kalendarische Alter als alleiniges Kriterium für die Entscheidung des Arztes herangezogen werden oder widerspricht dies dem Gleichheitssatz?[350]

Den Arzt trifft primär gem. §48 ÄrzteG die Pflicht, beiden Patienten im Fall drohender Lebensgefahr Erste Hilfe zu leisten. Orientieren kann sich der Arzt für seine Entscheidung va an den Kriterien der medizinischen Indikation und der Erfolgsaussichten. Demnach ist das „Alter“ an sich kein allgemeines Auswahlkriterium, es kann aber gerade bei der Beurteilung der Erfolgsaussichten eines Patienten mitberücksichtigt werden. Dies führt schlussendlich dazu, dass es mittelbar doch zu einer nachteiligen Entscheidung zulasten des älteren Patienten kommen kann.[351]

Gem. Art 7 (1) Satz 1 B-VG sind alle Personen, die sich in einer tatsächlich wesentlich gleichen Situation befinden, auch rechtlich gleich zu behandeln. Eine Diskriminierung aufgrund personenbezogener Merkmale ist nicht zulässig. Das „Alter macht mit unter die Identität eines Menschen wesentlich aus und stellt somit ein solches personenbezogenes Merkmal dar. Kalendarische Altersgrenzen bewirken demnach eine gesetzliche Ungleichbehandlung von Personen in einer wesentlich gleichen Situation. Andererseits ist zu beachten, dass es gewisse Unterschiede zwischen dem Merkmal „Alter“ und anderen personenbezogenen Merkmalen gibt. Während Merkmale wie die Hautfarbe oder die Rasse eines Menschen im Leben eine Konstante

---

[350] *Köchle*, Alter und Medizinrecht, in *WiR – Studiengesellschaft für Wirtschaft und Recht* (Hrsg), Alter und Recht (2012) 137ff (RIDAonline.at.).
[351] *Köchle* in *WiR*, Alter und Medizinrecht 144.

bilden, die nicht veränderlich ist, ändert sich das Merkmal „Alter" sekündlich.[352] Stellt man demnach nicht auf ein bestimmtes Datum ab, sondern vielmehr auf die Gesamtlebenszeit, so könnte man laut *Köchle* argumentieren, dass Patient X und Patient Y nicht ungleichbehandelt werden. Beide haben dann zB bis zur Vollendung ihres 60. Lebensjahres Anspruch auf eine Bypass-Operation. Nach Vollendung des 60. Lebensjahres hat dies keiner der beiden mehr. Auch wenn sich die Patienten grundsätzlich in unterschiedlichen Lebensphasen befinden, werden sie in Gesamtbetrachtung doch gleichbehandelt.[353]

Zu beachten ist des Weiteren Art 14 EMRK und Art 21 GRC, in dem das Alter als personenbezogenes Kriterium eine verpönte Diskriminierung darstellt. Bei Unterschieden aufgrund des Alters ist zu prüfen, welcher externe Zweck verfolgt wird. Es muss einem legitimen öffentlichen Interessen dienen und der Verhältnismäßigkeit entsprechen. Hier darf nicht vergessen werden, dass diese Regelungen nur im Anwendungsbereich des Unionsrechts einschlägig sind.[354]

Rechtfertigen lässt sich Altersdiskriminierung jedenfalls nur schwer. Stellt man auf die Menschenwürdegarantie ab, wird klar, dass dem Diskriminierungsverbot die Vorstellung zugrunde liegt, dass alle Menschen gleich viel „wert" sind. Daraus lässt sich schließen, dass ein Mensch ab einem bestimmten Alter nicht weniger wert sein soll als zuvor. Geht man bei Altersdiskriminierung mit dem Argument der Abwertung des Lebens einer Person vor, ist dies mit dem Aspekt der Gleichwertigkeit aller Menschen unvereinbar und stellt eine Verletzung des Art 7 (1) B-VG dar.[355]

Auch die Argumentation der „klugen Lebensplaner", dass bei gleichmäßiger Verteilung auf alle Lebensphasen zwar die Chance verringert wird, besonders alt zu werden, aber dafür die Chance erhöht wird, ein durchschnittliches Lebensalter zu erreichen, ist grundrechtlich gesehen nur schwer rechtfertigbar.[356]

---

[352] *Pöschl*, Altersdiskriminierung und Verfassung, in *WiR – Studiengesellschaft für Wirtschaft und Recht* (Hrsg), Alter und Recht (2012) 55, 58 (RIDAonline.at.).
[353] *Köchle* in *WiR*, Alter und Medizinrecht 148.
[354] *Köchle* in *WiR*, Alter und Medizinrecht 149.
[355] *Köchle* in *WiR*, Alter und Medizinrecht 150.
[356] *Köchle* in *WiR*, Alter und Medizinrecht 151.

Letztendlich ist diese Entscheidung sehr perspektiven- und wertungsabhängig. Auch der VfGH hat sich dazu noch nicht ausgesprochen. In Österreich wird das Alter als alleiniges Ausschlusskriterium während einer medizinischen Triage bislang abgelehnt.

db.) Diskriminierung aufgrund einer Behinderung

Art 7 (1) dritter Satz B-VG enthält ein spezielles Diskriminierungsverbot aus Gründen einer Behinderung einer Person. Dies gilt für jedermann und in allen Bereich des alltäglichen Lebens. Ein Eingriff bedarf immer einer besonders sachlichen Rechtfertigung.[357] An sich wollte der Gesetzgeber mit dieser Aussage nur noch einmal verdeutlichen und betonen, dass eine Benachteiligung von Menschen mit Behinderung unzulässig ist. Eine Ungleichbehandlung zum Schutz einer behinderten Person ist trotzdem zulässig.[358]

Anders in Art 7 (1) vierter Satz B-VG. Dort heißt es, dass sich die Republik dazu bekennt, die Gleichbehandlung zu gewährleisten. Dies ist allerdings nur eine Staatszielbestimmung, kein subjektives Recht. Gebietskörperschaften sind verpflichtet, dafür zu sorgen, dass in den Bereich des täglichen Lebens Behinderte und Nichtbehinderte gleichbehandelt werden. Sie ermächtigt weiters zu Privilegierungen, auch wenn es sich dabei um Maßnahmen handelt, die im öffentlichen Interesse erwünscht sind.[359]

Regelungen, wie zB solche des Arbeits- und Sozialrecht gibt es speziell für den Gesundheitsbereich (noch) nicht. Es ist den Fachgesellschaften in ihren Konsensuspapieren zur medizinischen Triage ein Anliegen, die Gleichstellung von Menschen mit Behinderung hervorzuheben und als alleiniges Allokationskriterium während einer medizinischen Triage auszuschließen.

---

[357] *Hengstschläger/Leeb*, Grundrechte[3] Rz 7/40.
[358] *Berka*, Verfassungsrecht[8] Rz 1684.
[359] *Hengstschläger/Leeb*, Grundrechte[3] Rz 7/40.

VIII. Schluss

Eine medizinische Triage iZm der Covid-19-Pandemie stellt eine neue Herausforderung, sowohl für den Bereich der Medizin als auch der Rechtswissenschaften, dar. Es ist deshalb unerlässlich, dass beide Felder eng miteinander zusammenarbeiten.

Ein einschlägiges verbindliches Triage-Gesetz gibt es derzeit nicht und wird es wohl auch in Zukunft schwierig sein, ein solches auszuarbeiten. Für den Arzt bzw das medizinische Personal, aber auch den Patienten, stellt die vorgefundene „gesetzlich ungeregelte Lage" ein Dilemma dar, das viele Unsicherheiten erweckt. Es kommen Fragen auf, wie: „Was passiert, wenn der Arzt Fehlentscheidungen trifft? Wer haftet bzw wer wird zur Verantwortung gezogen? Welche Rechte habe ich dann noch?".

Den Gesetzgeber trifft einerseits keine Verpflichtung zur Erlassung eines entsprechenden Gesetzes und andererseits darf er niemals selbst eine Abwägung eines Menschenlebens gegen das eines anderen Menschenlebens treffen. Auch liegt die Schwierigkeit bei der Erlassung eines allgemeinen Triage-Gesetzes darin, dass eine Triage in den verschiedensten Lebenssachverhalten auftreten kann und deshalb nicht „gleiches Recht" für jeden Lebenssachverhalt schaffen kann. Würde ein Triage-Gesetz iZm Covid-19 erlassen werden, kann es sein, dass das Triage-Gesetz iZm einer anderen Erkrankung oder im Kriegs- oder Katastrophenfall völlig „falsch" wäre. Des Weiteren tritt noch hinzu, dass ein Virus wie SARS-CoV-2 unkontrollierbar mutieren kann. Was an einem Tag als angemessene Maßnahme gilt, kann am nächsten Tag schon wieder nicht mehr ausreichend oder nicht mehr relevant sein. Hier stellt sich somit das Problem der unkontrollierbaren zeitlichen Komponente.

Die Orientierungshilfen der österreichischen Fachgesellschaften stellen für den Arzt eine willkommene Stütze für seine Entscheidungsfindung dar, auch wenn diese nicht rechtlich verbindlich sind. Meines Erachtens sind die Orientierungshilfen in Gesamtschau eine durchaus solide Basis für die Entscheidungsfindung eines Arztes, auch wenn rechtliche Aspekte hier nicht im Vordergrund stehen.

Fest steht, dass die Dynamik des Geschehens und die damit einhergehenden Unsicherheiten eine fortlaufende Evaluierung der Maßnahmen erfordern. Exekutive und Legislative sollten laufend die erlassenen Maßnahmen auf ihre Geeignetheit und Erforderlichkeit hin überprüfen, nicht erst nach Ablauf einer Befristung einer

Maßnahme. Ein Fortschritt fachwissenschaftlicher medizinischer Erkenntnisse ist dabei immer mitzuberücksichtigen. Schließlich kann die Entwicklung der Infektionskurve von Covid-19 dazu führen, dass den eingesetzten Maßnahmen ihre Erforderlichkeit genommen wird und gelindere Mittel ausreichen.[360]

Verfassungsrechtlich gesehen, ist es wichtig, dass niemand aus unsachlichen Gründen vom Zugang zur gegebenen medizinischen Versorgung ausgeschlossen werden darf. Auch darf niemand aus persönlichen Gründen diskriminiert werden. Niemandem soll idS eine Behandlung verweigert werden oder allein aufgrund dessen, nachrangig medizinisch behandelt werden. Um dies zu gewährleisten, ist die Einhaltung und Beachtung der Grund- und Menschenrechte im Fall einer medizinischen Triage unerlässlich.[361]

Hauptanliegen dieser Arbeit war es deshalb, die Wichtigkeit eben dieser Grundrechte im Fall einer medizinischen Triage auszuarbeiten und eine Begründung für die derzeit eher wage geregelte Situation einer Triage zu ergründen.

---

360 *Froese*, JRP 2020/3, 152.
361 *Berka*, RdM 2019/121, 238.

IX. Literaturverzeichnis

Literatur

A

Aicher in *Rummel/Lukas* (Hrsg.), ABGB[4] (2015) Manz.

B

Berka, Die Verantwortung des Staates für die medizinische Versorgung, RdM 2019/121, 233.

Berka, Verfassungsrecht, Grundzüge des österreichischen Verfassungsrechts für das juristische Studium[8] (2021) Verlag Österreich.

Birklbauer, Mögliche Grenzen straffreier Suizidunterstützung – ein Ausblick auf 2022, JSt 2021, 555.

Borowsky in *Meyer/Hölscheidt* (Hrsg), Charta der Grundrechte der europäischen Union[5] (2019), Nomos Verlag.

Bösel/Ellger, SOP Hirntod („irreversibler Hirnfunktionsausfall"), Intensivmedizin Up2date (2017): 245-248.

D

Duden, Wörterbuch medizinischer Fachbegriffe (2012), Dudenverlag.

F

Froese, Absoluter Lebensschutz?, JRP 2020/3, 148.

Fucik, Sterbeverfügungsgesetz in Begutachtung (Stand 3.11.2021), ÖJZ 2021/122, 961.

G

Gamper, Gibt es ein „Recht auf ein menschenwürdiges Sterben"? Zum Erkenntnis des VfGH vom 11.12.2020, G 139/2019, JBl 2021, 139-145.

Grabenwarter/Frank, B-VG (2020), Manz.

Grabenwarter/Holoubek, Verfassungsrecht, Allgemeines Verwaltungsrecht[4] (2019) facultas.

Grabenwarter/Krauskopf in *Resch/Wallner* (Hrsg), Handbuch Medizinrecht[3] (2020) Gesundheitsrecht und Verfassung, LexisNexis.

H

Hengstschläger/Leeb, Grundrechte[3] (2019) Manz.

Heun, Der Hirntod als Kriterium des Todes des Menschen — Verfassungsrechtliche Grundlagen und Konsequenzen, JZ 51.5 (1996) 213-219.

Hiersche/K. Holzinger/Eibl, Handbuch des Epidemierechts unter besonderer Berücksichtigung der Regelungen betreffend COVID-19 (2020) Manz.

Holoubek/Lienbacher, GRC-Kommentar[2] (2019) Manz.

J

Jaquemar, Replik zu *A. Joklik/T. Windisch*, Medikamentöse Freiheitsbeschränkung (RdM 2021/179), RdM 2021/33, 211.

Joklik/Windisch, medikamentöse Freiheitsbeschränkung, RdM 2021/179, 03.

K

Keisler/Hummelbrunner in *Resch,* Corona-Handbuch[1.06] (2021) Manz.

Khakzadeh, Das Recht auf selbstbestimmtes Sterben, RdM 2021/02, 48-54.

Kneihs, Das Recht auf Leben in Österreich, JBl 1999, 76.

Kröll/Platzer/Ruckenbauer/Schaupp, Die Corona-Pandemie (2020) Nomos Verlagsgesellschaft MbH & KG.

Kostorz in *Haring* (Hrsg) Gesundheitswissenschaften (2019) Gesundheitsrecht, Springer.

Krey in *Dubb/Kaltwasser/Pühringer/Schmid* (Hrsg), Notfallversorgung und Pflege in der Notaufnahme[2] (2019), Verlag W. Kohlhammer.

Kröll, Das Damoklesschwert der Triage über der Ärzteschaft, JMG 2020/3, 151.

M

Mackway-Jones/Mardsen/Windle, Ersteinschätzung in der Notaufnahme, Das Manchester-Triage-System[3] (2011) Huber Verlag.

Mayer, Von der Würde des Menschen zur Würde der Menschheit?, RdM 2014/177, 279.

Memmer in *Aigner/Kletečka/Kletečka-Pulker/Memmer*, Handbuch Medizinrecht (2017) Manz.

Muzak, B-VG[6] (2020) Manz.

Ö

Öhlinger/Eberhard, Verfassungsrecht [12] (2019) Facultas.

P

Palsherm, Triage und COVID-19, GesR 9/2020, 545.

R

Resch in *Resch*, Das Corona-Handbuch[1.06] (2021) Manz.

S

Sabatowski/Maier/Ostgathe/Rolke, Palliativmedizin – 1000 Fragen[2] (2018) Thieme Verlag.

Streit, Gesundheitsversorgung in der Pandemie: Triage – oder kommen alle dran?, JMG 2020/3, 141.

T

Truog/Mitchell/Daley, The Thoughest Triage – Allocating Ventilators in a Pandemic; in The New England Journal of Medicine (N Engl J Med 382;21 May 21 2020) 1973-1975.

W

Welser/Kletecka, Bürgerliches Recht I[15] (2018) Manz.

Werner, Handbuch Pandemie Verstehen – Vorbeugen – Schützen (2020) conopolist Verlag.

Onlinequellen

B

Bachner/Rainer/Zuba, Intensivpflege und COVID – Factsheet (Stand 30.8.2021) <https://www.sozialministerium.at/dam/jcr:f472e977-e1bf-415f-95e1-35a1b53e608d/Factsheet_Coronavirus_Hospitalisierungen.pdf> (abgefragt 23.9.2021).

Bioethikkommission, Zum Umgang mit knappen Ressourcen in der Gesundheitsversorgung im Kontext der Covid-19-Pandemie, Stellungnahme vom 31.3.2020 <https://www.bundeskanzleramt.gv.at/themen/bioethikkommission/pressemitteilungen-bioethik/stellungnahme-zum-umgang-mit-knappen-ressourcen-in-der-gesundheitsversorgung-im-kontext-der-covid-19-pandemie.html> (abgefragt 27.05.2021).

Bioethikkommission, Tätigkeitsbericht der Bioethikkommission Oktober 2019 – Oktober 2020 <https://www.bundeskanzleramt.gv.at/themen/bioethikkommission/publikationen-bioethik.html> (abgefragt 12.05.2021).

BMSGPK, Hintergrund-Informationen zur Bettenauslastung auf Intensivstationen (Stand 2021) <https://www.sozialministerium.at/dam/jcr:2de37e51-00c9-44ce-b606-6c88fd56c022/210415_Hintergrundinformationen-Bettenauslastung_pdfUA.pdf> (abgefragt 23.9.2021).

BMSGPK, Schriftliche Information gemäß § 6 EU-InfoG zu Top 1 der Tagesordnung des EU-Ausschusses des Bundesrates (Stand 15.7.2020) <https://www.parlament.gv.at/PAKT/VHG/BR/SINF-BR/SINF-BR_00347/index.shtml#> (abgefragt 4.10.2021).

Bundesministerium für Soziales, Gesundheit, Pflege und Konsumentenschutz (BMSGPK), Covid-19: Symptome & Verlauf <https://www.gesundheit.gv.at/krankheiten/immunsystem/coronavirus-covid-19/symptome-verlauf> (abgefragt 09.07.2021).

D

DGP, Handlungsempfehlung zur Therapie von Patient*innen mit COVID-19 aus palliativmedizinischer Perspektive (Stand 29.6.2021) <https://www.dgpalliativmedizin.de/neuigkeiten/empfehlungen-der-dgp.html.> (abgefragt 20.10.2021).

E

Eggert, Intensivstation & ambulante Intensivpflege, springerpflege.de (Stand 20.12.2017.) <https://www.springerpflege.de/intensivstation/ausserklinische-intensivpflege/intensivstation-ueberwachung-therapie-und-pflege-/15286164> (abgefragt 09.07.2021).

F

Franz, 11.11.2020, Die Triage ist Hilfsmittel nicht Horrorfall, in DiePresse <https://www.diepresse.com/5895847/die-triage-ist-hilfsmittel-nicht-horrorfall> (abgefragt 6.10.2021).

FASIM, Allokationsethische Orientierungshilfe für den Einsatz knapper intensivmedizinischer Ressourcen, Konsensuspapier (Stand 11.11.2020) <https://www.intensivmedizin.at/sites/default/files/konsensus_fasim_allokation_intensiv_finale_fassung_text_11.11.2020_korr_neu_fin.pdf> (abgefragt 12.05.2021).

FASIM, Startseite <http://www.fasim.at/> (abgefragt 20.10.2021).

G

Gelinsky, Brauchen wir ein Triage-Gesetz? (Stand 7.4.2020) <https://www.kas.de/de/einzeltitel/-/content/brauchen-wir-ein-triage-gesetz> (abgefragt 28.9.2021).

Gelinsky, Triage-Empfehlungen grenzüberschreitend betrachtet (Stand 23.10.2021) <https://www.kas.de/de/einzeltitel/-/content/triage-empfehlungen-grenzueberschreitend-betrachtet> (abgefragt 28.9.2021).

Gelinsky, Was regeln in einem Triage-Gesetz? (Stand 21.4.2021) <https://www.kas.de/de/einzeltitel/-/content/was-regeln-in-einem-triage-gesetz> (abgefragt 28.9.2021).

K

Katzenmeier, Grundrechte in Zeiten von Corona, MedR (2020) 38, 461-465 (Springer E-Journal-Kompakt).

Kneihs in *Kopetzki/Pöschl/Reiter/Wittmann-Tiwald* (Hrsg.) Körper-Codes – Moderne Medizin, individuelle Handlungsfreiheiten und die Grundrechte – Grundrechtstag 2009 (2010) 93 (RIDAonline.at).

Köchle, Alter und Medizinrecht, in *WiR – Studiengesellschaft für Wirtschaft und Recht* (Hrsg), Alter und Recht (2012) 137 (RIDAonline.at).

L

Lindner, die „Triage" im Lichte der Drittwirkung der Grundrechte, MedR 38 (2020) 723-728 (Springer E-Journals-Kompakt).

M

Müller, So funktioniert die Beatmung eines Covid-19-Patienten (Stand 17.4.2020) <https://www.spiegel.de/wissenschaft/medizin/corona-so-funktioniert-die-beatmung-eines-covid-19-patienten-a-0d5595f4-bbe9-4c08-b97c-72bd72437eab> (abgefragt 11.10.2021).

Ö

oesterreich.gv.at-Redaktion, Katastrophenfälle – Aktuelle Informationen zu Katastrophenfällen, Selbstschutz im Katastrophenfall, Hilfsorganisationen im Katastrophenfall, Hochwasser-Hilfe, finanziellen Unterstützungen im Katastrophenfall etc. <https://www.oesterreich.gv.at/themen/gesundheit_und_notfaelle/katastrophenfaelle.html> (abgefragt 06.08.2021).

ÖGARI, Allokation intensivmedizinischer Ressourcen aus Anlass der Covid-19 Pandemie (Stand 17.3.2020) <https://www.oegari.at/web_files/cms_daten/covid-19_ressourcenallokation_gari-statement_v1.7_final_2020-03-17.pdf> (abgefragt 23.9.2021).

ÖGARI, Checkliste: ICU-Triage im Falle von Ressourcen-Mangel (Stand 26.3.2020) <https://www.oegari.at/web_files/cms_daten/gari_checkliste_triage_icu_final_26.3.2020.pdf> (abgefragt 25.8.2021).

ÖGARI, ICU-Triage im Falle von Ressourcen-Mangel – Empfehlung aus Anlass der SARS-Cov-2-Pandemie (Stand 26.3.2020) <https://www.oegari.at/web_files/cms_daten/gari_sop_triage_covid-19_arge_ethik_final_26.3.2020.pdf> (abgefragt 25.8.2021).

ÖGARI, Pressemitteilung: Große Sorge über Auswirkungen der Intensiv-Versorgungssituation auch bei Nicht-COVID-19 Patientinnen und -Patienten (Stand 29.3.2021) <https://www.oegari.at/presse-details.php?id=10358> (abgefragt 25.8.2021).

ÖGARI, Pressemitteilung: Keine Entlastung der Intensivkapazitäten absehbar, viele andere Versorgungsbereiche mitbetroffen (Stand 12.4.2021) <https://www.oegari.at/presse-details.php?id=10365> (abgefragt 25.8.2021).

ÖGARI, Statuten der ÖGARI (Stand Oktober 2020) <https://www.oegari.at/statuten.php> (abgefragt 23.9.2021).

P

Parlament Österreich, Sterbeverfügungsgesetz; Suchtmittelgesetz, Strafgesetzbuch, Änderung (1177 d.B.), Stand des parlamentarischen Verfahrens (Stand 20.12.2021) <https://www.parlament.gv.at/PAKT/VHG/XXVII/I/I_01177/index.shtml#tab-ParlamentarischesVerfahren> (abgefragt 20.12.2021).

Pöschl, Altersdiskriminierung und Verfassung, in *WiR – Studiengesellschaft für Wirtschaft und Recht* (Hrsg), Alter und Recht (2012) 55 (RIDAonline.at.).

R

RKI, Übersicht zu besorgniserregenden SARS-CoV-2-Virusvarianten (VOC) (Stand 30.9.2021) <https://www.rki.de/DE/Content/InfAZ/N/Neuartiges_Coronavirus/Virusvariante.html> (abgefragt 18.11.2021).

W

World Health Organization (WHO), WHO Coronavirus (COVID-19) Dashboard, <https://covid19.who.int/> (abgefragt 09.07.2021).

X. Rechtsquellenverzeichnis

A

Allgemeines bürgerliches Gesetzbuch, JGS Nr. 946/1811 idF BGBl. I Nr. 121/2021 (ABGB).

Vertrag über die Arbeitsweise der Europäischen Union, BGBl. III Nr. 86/1999 idF BGBl. III Nr. 171/2013 (AEUV).

Bundesgesetz über die Ausübung des ärztlichen Berufes und die Standesvertretung der Ärzte (Ärztegesetz 1998), BGBl. I Nr. 169/1998 idF BGBl. I Nr. 172/2021 (ÄrzteG).

B

Bundes-Verfassungsgesetz, BGBl. Nr. 1/1930 idF BGBl. I Nr. 107/2021 (B-VG).

Gesetz vom 18. November 1985, über die Abwehr und Bekämpfung von Katastrophen, LGBl. Nr. 5/1986 idF LGBl. Nr. 40/2018 (Katastrophenhilfegesetz, Bgld KHG).

D

Bundesgesetz zum Schutz natürlicher Personen bei der Verarbeitung personenbezogener Daten, BGBl. I Nr. 165/1999 idF BGBl. I Nr. 14/2019 (Datenschutzgesetz – DSG).

E

Konvention zum Schutze der Menschenrechte und Grundfreiheiten, BGBl. Nr. 210/1958 idF BGBl. III Nr. 139/2018 (EMRK).

Epidemiegesetz 1950, BGBl. Nr. 186/1950 idF BGBl. I Nr. 183/2021 (EpiG).

Bundesgesetz über Information in EU-Angelegenheiten, BGBl. I Nr. 113/2011 (EU-InfoG).

G

Charta der Grundrechte der europäischen Union, 2000/C 364/01 (GRC).

H

Bundesgesetz über den Schutz der persönlichen Freiheit während des Aufenthalts in Heimen und anderen Pflege- und Betreuungseinrichtungen BGBl. I Nr. 11/2004 idF BGBl. I Nr. 59/2017 (Heimaufenthaltsgesetz, HeimAufG)

K

Bundesgesetz über Krankenanstalten und Kuranstalten, BGBl. Nr. 1/1957 idF BGBl. I Nr. 192/2021 (KAKuG).

P

Vereinbarung zur Sicherstellung der Patientenrechte (Patientencharta), BGBl. I Nr. 88/2003 (Patientencharta Bund-Tirol).

Vereinbarung zur Sicherstellung der Patientenrechte (Patientencharta), BGBl. I Nr. 42/2006 (Patientencharta Bund-Wien).

Bundesverfassungsgesetz vom 29. November 1988 über den Schutz der persönlichen Freiheit, BGBl. Nr. 684/1988 idF BGBl. I Nr. 2/2008 (PersFrG).

S

Bundesgesetz über Suchtgifte, psychotrope Stoffe und Drogenausgangsstoffe, BGBl. I Nr. 112/1997 idF BGBl. I Nr. 105/2021 (Suchtmittelgesetz, SMG).

Staatsvertrag von Saint-Germain-en-Laye vom 10. September 1919, StGBl. Nr. 303/1920 idF BGBl. III Nr. 179/2002 (StV St Germain).

Bundesgesetz über die Errichtung von Sterbeverfügungen (Sterbeverfügungsgesetz – StVfG), RV 1177 BlgNR XXVII. GP.

Erläuterungen zum Bundesgesetz über die Errichtung von Sterbeverfügungen, ErläutRV 1177 BlgNR XXVII. GP.

Bundesgesetz vom 23. Jänner 1974 über die mit gerichtlicher Strafe bedrohten Handlungen (Strafgesetzbuch), BGBl. Nr. 60/1974 idF BGBl. I Nr. 159/2021 (StGB).

Bundesgesetz vom 6. Juli 1960, mit dem Vorschriften über die Straßenpolizei erlassen werden (Straßenverkehrsordnung 1960), BGBl. Nr. 159/1960 idF BGBl. I Nr. 154/2021 (StVO).

Staatsgrundgesetz vom 21. December 1867, über die allgemeinen Rechte der Staatsbürger für die im Reichsrathe vertretenen Königreiche und Länder, RGBl. Nr. 142/1867 idF BGBl. Nr. 684/1988 (StGG).

T

Gesetz über das Krisen- und Katastrophenmanagement in Tirol (Tiroler Krisen- und Katastrophenmanagementgesetz), LGBl. Nr. 33/2006 idF LGBl. Nr. 92/2021 (TKKMG).

Bundesgesetz vom 14. März 1968 zur Bekämpfung der Tuberkulose, BGBl. Nr. 127/1968 idF BGBl. I Nr. 104/2020 (Tuberkulosegesetz, TubG).

Z

Protokoll Nr. 6 zur Konvention zum Schutze der Menschenrechte und Grundfreiheiten über die Abschaffung der Todesstrafe, BGBl. Nr. 138/1985 idF BGBl. III Nr. 30/1998 (6. ZPMRK).

Protokoll Nr. 13 zur Konvention zum Schutz der Menschenrechte und Grundfreiheiten über die vollständige Abschaffung der Todesstrafe, BGBl. III Nr. 22/2005 idF BGBl. III Nr. 53/2005 (VFB) und BGBl. III Nr. 127/2005 (13. ZPMRK).

XI. Judikaturverzeichnis

EuGH:

EuGH, 18.11.2011, C-34/10, *Oliver Brüstle gegen Greenpeace*

EGMR:

EGMR 27.1.2015, 24.109/07, *Asiye Genc gegen Türkei*

EGMR 24.7.2014, 60908/11 ua, *Brincat ua gegen Malta*

EGMR 29.4.2014, 52019/07, *L.H. gegen Lettland*

EGMR 9.4.2013, 13.423/09, *Mehmet und Bekir Sentürk gegen Türkei*

EGMR 15. 5. 2012, 16567/10, *Nacic ua gegen Schweden*

EGMR 28.2.2012, 17423/05 ua, *Kolyadenko ua gegen Russland*

EGMR, 18.11.2011, 18968/07, *V.C. gegen Slowakei*

EGMR 25.11.2008, 36919/02, *Armonas gegen Litauen*

EGMR 25.11.2008, 23373/03, *Biriuk gegen Litauen*

EGMR 20.3.2008, 15.339/02 ua, *Budayeva ua gegen Russland*

EGMR 11.12.2003, 39094/97, *Yankov gegen BUL*

EGMR, 10.10.2002, 38.719/97, *DP und JC gegen das Vereinigte Königreich*

EGMR 29.4.2002, 2346/02, *Pretty gegen Vereinigtes Königreich*

EGMR 24.7. 2001, 44.558/98, *Valasinas gegen LTU*

EGMR 28.10.1998, 23452/94, *Osman gegen Vereinigtes Königreich*

EGMR 23.9.1998, 100/1997/884/1096, ÖJZ 1999/21

EGMR 16.12.1992, *Niemitz*, EuGRZ 1993, 66

EGMR 24.9.1992, 48/1991/300/371, ÖJZ 1993/4

OGH:

OGH 16.9.2020, 7 Ob 122/20x

OGH 24.4.2019, 7 Ob 67/19g

OGH 19.3.2014, 7 Ob 32/14b

OGH 29.5.2008, 2 Ob 77/08z

OGH 25.5.2007, 6 Ob 103/07a

OGH 25.5.1999, 1 Ob 91/99k

OGH 15.04.1998, 3Ob2440/96m

OGH 19.12.1984, 3 Ob 562/84

<u>VfGH:</u>

VfGH 11.12.2020, G 139/2019

VfGH 7.3.2018, G 136/2017

<u>VfSlg:</u>

VfSlg 20.177/2017

VfSlg 19.708/2012

VfSlg 19.698/2012

VfSlg 19.362/2012

VfSlg 19.077/2010

VfSlg 16.384/2001

VfSlg 15.465/1999

VfSlg. 15.046/1997

VfSlg 14.841/1997

VfSlg 13.837/1994

VfSlg 11.923/1988

VfSlg 11.828/1988

VfSlg 11.615/1988

VfSlg 11.327/1987

VfSlg 11.087/1986

VfSlg 10.546/1985

VfSlg 10.051/1984

VfSlg 9836/1983

VfSlg 11.8982/1980

VfSlg 11.8854/1980

VfSlg 8654/1979

VfSlg 11.8578/1979

VfSlg 7400/1974

VfSlg 3650/1959

Zeitfracht Medien GmbH
Ferdinand-Jühlke-Straße 7,
99095 - DE, Erfurt
produktsicherheit@zeitfracht.de

FSC
www.fsc.org
MIX
Papier | Fördert gute Waldnutzung
FSC® C083411

Druck:
CPI Druckdienstleistungen GmbH
im Auftrag der
Zeitfracht Medien GmbH
Ein Unternehmen der Zeitfracht - Gruppe
Ferdinand-Jühlke-Str. 7
99095 Erfurt